U0961542

职场晋升手册

肖傲　著

SPM 南方传媒 | 广东人民出版社
·广州·

图书在版编目（CIP）数据

职场晋升手册 / 肖傲著. —广州：广东人民出版社，2024.5
ISBN 978-7-218-17535-5

Ⅰ. ①职… Ⅱ. ①肖… Ⅲ. ①成功心理—通俗读物 Ⅳ. ①B848.4-49

中国国家版本馆CIP数据核字（2024）第084458号

ZHICHANG JINSHENG SHOUCE
职场晋升手册
肖傲 著

出 版 人：肖风华

责任编辑：严耀峰 冯光艳
责任技编：吴彦斌
封面设计：江蕴屿
内文设计：武汉艺唐

出版发行：广东人民出版社
网 址：http://www.gdpph.com
地 址：广州市越秀区大沙头四马路10号（邮政编码：510199）
电 话：（020）85716809（总编室）
传 真：（020）83289585
天猫网店：广东人民出版社旗舰店
网 址：https://gdrmcbs.tmall.com
印 刷：嘉业印刷（天津）有限公司
开 本：787毫米×1092毫米 1/16
印 张：14.5 字 数：202千
版 次：2024年5月第1版
印 次：2024年5月第1次印刷
定 价：59.80元

如发现印装质量问题，影响阅读，请与出版社（020-87712513）联系调换。
售书热线：020-87717307

目录

contents

自我精炼篇

新人逆袭篇

向上营销篇

掌控关系篇

社交边界篇

向下管理篇

自我精炼篇

培养***未来可期***的***潜质***

第一章

面试

内外兼修，顺利进阶

面试这样写简历，潜力无限

● 简历要想写得好，核心在于布局，布一场引起面试官兴趣的好局。

资深的人力资源经理告诉你，面试官每天面对成百上千的简历，不可能每份简历都认真读完。那么要如何才能从众多简历中脱颖而出呢，抓住面试官的注意力很重要。

框架清晰，突出重点

个人信息项目除了基本信息如姓名，职业形象照，出生年月等，其他如意向岗位，期望薪资（工作经历丰富的成熟人才可以写薪资面议）一定要意向明确。在开头就明明白白地告诉面试官，你是谁，你要的是什么。

优势先行

根据岗位精准概括自己的优势，明确地告诉面试官“我凭什么要这些”。优势可以用条目式表达：1.高度匹配的专业学历背景；2.与岗位相关的工作经历、年限、成绩；3.岗位需要的特殊技能；4.定制化的个人优势；5.独特的自有资源。

第一，专业学历背景。大学及以上的学历，专业和与岗位相关的主修课程，切记要最高学历先行，再写证书，特别是与岗位相关的重量级证书，这极有可能成为你的直通票。

第二，核心经验。简历的核心是工作经历，清晰地分点描述，要从最近的工作开始，包含工作过的公司、岗位和在岗时间，参与过的项目以及负责的部分，产出的成果和带来的价值，比如某年，带领团队实现业绩200%的增长。所有的工作描述一定要记得带数据，让面试官直观地看到你的价值。重点精选与岗位相关度高的经历写，但短暂的工作经历就不要写了，容易让面试官质疑你的稳定性。还有积累的专业能力也可以写，比如具有×××的丰富经验，擅长/熟悉××，具有××意识。最后专业的荣誉奖项也是简历中的加分项。

第三，自我评价。这个版块用来补充自己的专业技能，直接展示作品会更有优势；也能分析意向岗位的需求，结合自身的经历举例说明优势能力。如果想再丰富点，可以加上你切合面试公司的工作风格。

避坑提示

第一，简历的字要大，且不要密。紧凑的小字，让看的人压力很大，如果因为字小看不到重点被刷，很可惜；第二，最有用、最亮眼的内容一定要写在最前面，且要有理有据，必要时可以把关键信息加粗凸显出来。

如何在面试官面前不露怯

● 面试是双向的选择，不要被面试官带了节奏。

你是否因为面试时太过紧张而发挥失常，痛失青睐已久的工作？其实能获得面试的邀请，就说明你的专业、学历、工作经验等硬件是应聘公司想要的，公司面试的目的是进一步了解你具体想要什么。所以，尽管拿出自信，营造自己的主场。

不卑不亢的态度是面试成功的保障

如果你是一个很容易紧张的人，尝试对着镜子反复练习自我介绍，直面自己的仪容、表情，先接纳自己再改善提升。面试之前给自己买一身得体的衣服，做个清爽的发型。好发型、新衣服都能让人提升自信。一定要记住，**面试通关=80%自信的态度+20%的回答内容。**

做个有准备的人

紧张、恐惧源于对事物的未知，焦虑来源于对未发生事物的担忧。对抗未知的法宝是认真做功课，充分了解应聘公司以及自己职位的基本情况，熟悉行业的环境。预先准备好自我介绍，面试常问的问题和行业话题，投入到具体的练习中去，焦虑就消失了。机会永远是留给有准备的人。

既要会回答问题又要会抛出问题

回答问题时结构清晰、有条理的表达是基础。我们可以尝试使用结构化面试中常使用的公式：**情境+任务+行动+结果+反思**，将回答组织成清晰的结构。把自己经历过的项目、工作经验代入公式，这样就能够轻松展示自己的工作能力。

抛出好问题就掌握了主动权。在回答问题后，针对公司发展、团队协作方式以及工作岗位抛出自己的问题，不仅能展现出对岗位的兴趣和求知欲，还能将主动权拿回自己手里，通过面试官的回答让自己做选择，思考这份工作是否合适。

面试小贴士

第一，千万不要面试官问一句答一句，容易留下不积极、不主动、能力不足的坏印象。

第二，避免给出模棱两可的回答，要让面试官了解你的想法。

第三，面试经典题“你有什么问题想问吗？”千万不要回答“没有了”。可以提一些团队协作等方面的具体问题，展现自己已经进入工作角色。

第四，一定要大声，可以说得慢一些，但是一定要吐词清晰，把话说出来。

记住，面试官是负责人事工作的，在具体的业务上被面试者才是专业的，所以千万不要被面试官带了节奏，认为自己在被“测试”。自己把节奏带起来，这个职位就属于你了。

可以巧妙通过面试的话术

● 面试的本质是推销自己。

你面试的时候是不是经常这么说，各位面试官，大家好，我叫×××，毕业于×××，专业×××，在过去几年有过多少段工作经历……面试官每天面对众多的求职者，千篇一律的自我介绍根本无法引起面试官的兴趣。想要引起面试官的兴趣和注意，可以用这个公式：**自我介绍=我是谁+我跟你（公司）有什么关系+对你（公司）有什么用**。

这个公式的巧妙之处在于建立联系。面试者最需要抓住的就是面试官的注意力，通过建立联系，把面试官代入到自己正在进行介绍的情境中，引起面试官对自己的兴趣，从而拉近距离。

做自己的产品经理

面试的本质是把自己推销出去，告诉面试官自己非常适合所应聘的岗位。所以我们可以把做产品的思路迁移到面试中来，不妨把自己当作一个“好产品”，给面试官讲一个好故事。

第一，亮点摆在最前面。亮点迁移到面试上来，也就是自己的优势，把自己的优势清晰地罗列出来，告诉面试官，为什么自己是最合适的。

第二，主动出击，把握先机。我们知道在面试中常会被问到一些难题或者自己有一些会让面试官有顾虑的问题，可以把这些问题主动说出来，诸如“从上一家公司离职的原因”，为什么会有一段职业“空窗期”

等。不等面试官问，主动地“谈”出来，能够明确表达自己的需求和目的。

第三，用情境式的模型给面试官讲一个好故事。**所谓情境式的模型（情景+冲突+问题分析+解决方案）**，不仅是世界500强企业所推崇的结构化表达模型，也是遴选面试的高分模板。把自己的工作经历作为情境，描述具体过程，能让面试官有代入感。

做自己的金牌销售，注重“用户体验”

既然面试的本质是推销自己，那么一个好的销售人员，除了能够精准地提炼自己的“亮点”，讲好自己的故事以外，最重要的是“注重用户体验”。也就说让面试官感受到你很在意他的感受。比如在自我介绍之前，可以补充一句，“因为我的工作年限很长，工作经历比较丰富，在介绍过程中如果您对哪部分不感兴趣您可以及时打断我”。把问题和选项抛给面试官，适当地“互动”，让面试官感受到你的关注，能够让他对你迅速建立非常好的印象。

在面试中千万不要有“弱者思维”，这样才能打开思路，建立自信。

三分钟定律：面试成败在此180秒

● 面试前三分钟，是否录用大局已定。

你知道吗？面试的第一个环节自我介绍，大概就三分钟，而在这短短三分钟里，面试官就已经决定了是否要录用这个应聘者。自我介绍可以说是面试里的“龙头”，应聘者必须认真对待。

自我介绍要怎么准备？

准备好与岗位一一对应的自我介绍

认真调查研究，了解岗位需求，梳理对岗位的理解，准备好匹配度高的自我介绍。

文稿烂熟于心

按照正常的说话语速，一分钟能说200字左右，那么就需要准备一份约600字的自我介绍稿子，另外再备份一份一分多钟的简短版稿子。

心理学研究表明，与一个人会面45秒内就能产生第一印象，这个第一印象在对方头脑中迅速形成并占主导地位。为了给面试官留下语言流畅、自信的第一印象，自我介绍文稿建议背诵和对镜练习。

创造记忆点

要在给面试官的自我介绍里“划重点”，提炼“关键词”。比如归纳总结型：我认真梳理了岗位所需要的能力和经验，我认为这个岗位需要**五大能力和三种经验**，分别是……这五大能力我通过×××（工作经历、培训）得到了很好的历练，这三种经验我在××××都参与过同类的项目……除此以外……

在三分钟的叙述里，我们要把自己的优势提炼成关键词，把能力、经验进行归纳总结，划好重点给面试官，爱思考又具备归纳总结能力的人一定能抓住面试官的注意力。

卖点关子，把话茬抛给面试官

自我介绍不用面面俱到。个人学历背景简单说，工作经验和能力优势根据应聘岗位划重点讲。最后，把问题抛给面试官：“关于我的工作经历您还有什么想要了解的吗？我可以具体地再说一说。”问答互动要有来有往，才能拉近与面试官的距离。

总结一下，自我介绍的通用公式：**基本情况+重点（重点工作经历+核心工作经验+成果数据）+岗位匹配度分析**。

与面试官过招，应有针对性方法

● 面试时自曝一个真实缺点，反而能救命。

90% 的求职者都会被问到：“你认为你最大的缺点是什么？”这是面试官抛给你的“真心话大冒险”，面试官的目的在于考验你的心智：是否有明确的自我认知？是否可以直面自己的缺点？所以此时说“我最大的缺点就是追求完美”，不如精心挑选一句“真心话”来冒险一把，更能赢得好感。

实战演练场，把握四个关键

关键一：选择真实又不是硬伤的缺点

关键二：展示自我认知和强烈的改进意愿

关键三：强调积极影响和发展

关键四：展示自己的成长和学习

通用的回答模板

我有时候会过于关注细节，它可能导致我在项目中花费过多时间，从而影响到整体进度。

然而，我意识到这一点并且在不断努力改进。我已经开始学习时间管理，给各项事务设定优先级，也会寻求同事的反馈来改善这个问题。

从另一个角度来看，我认为有时候这种关注细节的倾向其实也意味着我能够发现并纠正那些容易被忽视的错误，确保最终交付的质量。因此，我相信自己能够通过不断的学习和努力来平衡，从而将缺点转化为优势。

答题雷区提醒

第一，把自己的优点硬说成缺点，面试官会觉得耍小聪明，非常低级。

第二，过分负面或自我评价过低，会让面试官觉得你不够自信，那么他也没法相信你。

第三，只说自己的缺点，不谈改正方法。

第四，为了回避，长篇大论，不说重点。

第五，说出自己的职业硬伤，或者业务上的硬伤。

复盘总结

面对面试官，要保持自信和优雅的态度，当问到你的缺点时，切记选择一个真实而能够证明你成长意愿的缺点，别傻傻的什么缺点都往外说，万一踩到了面试官的雷区，那你的总体分数肯定不会太高。说了缺点别忘了强调自我改善的行动，增加话语的可信度。遇到情景类的面试题，除了讲出判断外，还要带上明确、可行的解决方案，体现你的经验值。

万能公式总结 **真实缺点+展示自我认知+强调积极影响+展示成长和学习**

关于上次离职的原因，怎样回答比较合适？

● 离职的理由大多相似，关键在于高情商的表达。

离职的真实原因不外乎三个，钱没到位，人太累，心委屈。但当面试官问及“为什么从上一家公司离职”，千万不能过于坦诚，把薪资低、老板抠、加班多这些真实原因直接说出来，高情商地表达原因，有效展现个人工作能力就能轻松拿下offer。

把握五个要点

记住下面五个要点，面试前做好准备，拟好稿子，现场保持沉着和自信：第一强调个人在工作中的成长和经验，第二表达原工作与自己的职业目标不匹配，第三强调原公司组织或团队变化，第四提及个人原因，第五表达对面试公司的好感。

具体的参考模板如下：

●在过去的工作中，我得到了许多宝贵的经验和知识，但随着时间的推移，我意识到自己渴望更多的学习和成长机会。我渴望在一个更具挑战性和发展空间的环境中施展我的技能，以提升自己的专业素养和知识水平。

●随着经验的积累，我的职业目标逐渐发生了变化，这导致我意识到我与上一份工作的职业发展方向不太匹配。我现在更加明确自己的职业规划，并寻求一个更符合我当前职业目标的机会。

●上一家公司经历了一些变化，这些变化使得我感到我在当前团队或组织中无法充分发挥我的专长和技能。这些变化影响了我的工作环境和角色，我相信在新的机会中能够更好地发挥我的能力。

●我离开上一份工作是因为个人生活方面的考量，需要更好地平衡工作与家庭责任。我寻求一个更灵活或更适合个人生活需求的工作环境，并且相信这样可以更好地实现工作与生活的平衡。

●我认同贵公司的价值观，对贵公司的发展和业务模式深感兴趣。我认为贵公司提供了一个非常有吸引力的平台，能够让我在这个领域发挥我的能力并不断成长。

回避四个雷区

1. 谈论与同事、老板的冲突或不和谐关系。2. 直接批评前公司和原来的工作环境。3. 表达对前公司的不满。4. 回答因工作压力太大，想要追求新挑战或是薪资过低。面试官是站在公司的立场来考察的，这些理由会让面试官质疑面试者的处事态度和工作能力。

三步思维复盘，总结一个公式

当被问及“上一份工作离职的原因”时，保持自信的态度；强调个人的成长，向面试官展示自己的专业和成熟；巧妙避开雷区，语言逻辑清晰，体现自己的核心竞争力。

回答万能公式总结 **离职原因=个人成长迅速+工作成就+经验能力丰富+需要上升空间+面试公司符合期望**

新手面试，有哪些极易踩到的深坑

● 面试也讲究技巧。

新人面试都会有个疑问，那些规模比较小的公司到底能不能去呢？我的建议是：小公司可以去，但是“烂公司”不能去。以下四点，在与HR沟通时提前问清楚，可以有效地避免遇见“烂公司”。

第一，入职培训要收费。

第二，试用期三个月，没有工资或转正才能交社保。

第三，试用期离职没有工资。

第四，实习期一年，实习期满合格再签订劳动合同。

除此以外，遇到面试要求填写详尽的《入职登记表》，涵盖身份证号、家庭住址、家庭成员姓名、家庭成员联系方式等信息，可以提出涉及隐私的内容入职后再填写。如果被拒绝，也可以直接考虑下一家。

薪资不敢谈，薪酬少一半

新人往往有提薪资待遇的困扰。当问及薪资待遇期望是多少时，总是带着些许犹豫回答“8000到10000元吧”。那么你的薪资上限大概率就是8000元了。同理，招聘广告上写着的薪资待遇“8000到10000元”那么这个岗位的薪酬也就是8000元。

还有一类公司爱给新人“画大饼”，例如：“我们这里的薪资是6000元，包含了500元全勤考核，500元交通补贴，200元餐补，1000元绩效

考核。当然，我们的提成是不设上限的，干得好月入一两万都是很轻松的。”像这样实际底薪只有3800元，还包含社保。甚至，有的用人企业底薪是有责底薪，完成不了考核会倒扣。因此，新人不仅要大胆提薪资待遇，还要问清楚薪资结构、福利发放方式；具体到固定底薪是多少，有责还是无责，以及奖金、考核方式、提成比例、社保缴纳情况等。

千万不要被这几个问题吓唬

第一，谈自己的优势，不要过度“炫技”，只需要表达清楚自己与岗位的匹配度。

第二，谈自己最大的缺点，比如要胜任更高级别的岗位，自己还有哪些不足，并给出自己的“补拙规划”。

警惕“弹性工作时间”

警惕“弹性工作时间”，用人企业提的“弹性工作时间”很可能不是你想象中的时间自由，想什么时候下班就什么时候下班，而是用人企业想让你什么时候下班就让你什么时候下班。因此关于工作时间、休息和假期的安排，以及加班工资、调休等都趁着面试一并了解清楚。

新人逆袭篇

早起练好**基本功**，

手要和**眼**同样**高**

第二章

新 人

脚踏实地，提升自我，做职场实力派

为什么我的每一任主管都很重视我

● 主管交代的事，事事有回应，件件有着落。

在职场中，千万别认为只要任劳任怨，有才华有责任心，主管就会重视你。那些真正混得开的人，早就抛开了面子。但凡你能切中主管这几个痛点，就能让主管在茫茫人海中一眼相中你。

和中层主管相处除了能力，还有态度

主管交代的事，事事有回应，件件有着落。沟通时选择主管最容易接受的方式，比如汇报时说“这个项目已完成前面四点的工作，还有最后两点，计划在本月月底完成，您看可以吗?”让主管有工作尽在掌握中的感觉。遇到突发情况，及时向主管汇报，让主管能够了解情况，以便做出决策。把事情做好，主管满意了，他才会觉得把事交给你是很放心的。

女性主管偏感性，用理性维持关系

女性往往偏感性，男性往往偏理性。感性的人更注重情感体验，而理性的人则更注重逻辑思维。但是很多人不知道的是，在现实生活中，往往感性和理性互补，事情才能做得更好更完美。

和女性主管相处时，要学会用理性维持关系，时刻保持清醒的头脑，千万不能情绪上头，不然很容易祸从口出。

男性主管偏理性，靠感性获得支持

相信大家与男性主管相处时，都有这样一个感受——男性主管往往喜欢用数据说话。男性主管看人时，往往看的是一个人的工作能力强不强，专业技术过不过关，而不太在乎员工个人的外貌性格之类的。

在企业里，过硬的业务能力一定是实力的最直观体现，也是主管比较注重的关键因素之一。工作时，下属既要充分发挥专业知识和技能，有效地推动项目的执行，也要逐步提升技能，成为主管不可或缺的下属。

跟主管关系越好，越要少麻烦主管

有些人可能有一种错觉，觉得自己和主管关系那么好，就可以在企业肆无忌惮了，就可以不停借着这层关系给自己谋便利。久而久之，不成想，主管开始反感自己了，甚至给自己穿小鞋了……为什么？

切记，不到迫不得已，千万不要麻烦主管。你越是麻烦主管，主管越是觉得你这个人能力不行，什么事情都办不好。如果你还借着和主管的关系好开始狐假虎威，那只会招来主管对你更深的厌恶。

为什么不能打听别人的工资

● 打探别人的工资，你离辞职也就不远了。

阿里公司有一条严明的制度：如果员工犯了一类过失就一定要开除，没有翻盘的机会。一类过失中有一条就是互相打听工资。那为什么很多公司都禁止员工们相互之间打听工资呢？

不让打听工资是有道理的

每个人对自己的认知都是高于现实的，面对不认同的事，人是很难客观评价自己的。打个比方，如果你知道，你的工资和新人一样，你一定会觉得不公平，你明明比新人来得早，理所应当就比新人更能干。但现在薪资倒挂现象真的很普遍。再比如同一个部门，大家相互打听工资，必然会引起办公室内部的矛盾，因为没有人会觉得自己的工资该比别人低，换个说法，人都是不患寡而患不均的。所以知道别人的工资，不仅对你没好处，还会增加你的烦恼，不自觉地会去纠结为什么自己的工资这么低。

觉得自己工资太低怎么办

很多人在进入新公司以后，才后悔自己薪水要少了，此时应该怎么补救呢？最好的谈薪水时机，是通过面试之后到接受聘请之前的这段时间，而你已经入职了，就错过了最佳时机。

企业一般会有两种薪酬体系，内部调薪遵循“稳定原则”，即每年以固定比例上调薪资，这么做是为了防止员工流失；而外部招聘遵循“竞争原则”，通过加价的方式，从竞争对手的公司挖人。

如果你觉得当前薪资不符合你的预期，你可以引入外部招聘的“竞争原则”来帮你谈判。即去外部拿一个更高的工资，再和人事谈判，既然有其他公司愿意为你开更高的价格，就证明了当前的薪资已经不匹配你的实力。而公司如果想留你，就必须加入这场“内卷”之中，否则就面临员工流失的风险。

谈薪水是一场谈判，更是一场博弈，手上没有任何筹码的人是没有资格叫板的。

在企业，该知道的知道，不该知道的别打听，比如别人的工资，你再好奇也要遵守最基本的职场规则，学会尊重别人的隐私。如果你已经知道了，那要做的就是搞清楚你跟别人的差距在哪里，知道问题出在哪里，才能针对性地解决问题。

职场新人怎么熬过新手期

● 多看、多听、不插嘴，多想、多问、少以为。

新人初入企业，以为已经入门，但其实只是刚站在工作的“门口”。所以在企业，除了依靠自身能力和不断学习外，还要注意观察周围的人、事、物。

学着礼貌、主动

新人要先熟悉通讯录，便于快速对上各部门主管和同事的名字。遇到上司、主管、同事要打招呼，向人请教时态度柔和多微笑，这样坚持，有礼貌的人设就立住了。

进入新环境，要注意低调

工作就像跑马拉松，慢慢加速才能跑得更远。接到工作，不要急着埋头做，先想想怎么做，主动和主管沟通，确定主管的意思，再去做。找主管沟通时，带上你的想法，让主管做选择题而不是简答题。你可以这么问：“主管，这个项目的第三个目标，我的理解是……您觉得我这样理解可以吗？”让主管知道你做这项工作存在难度，树立积极努力的好形象，切记不要锋芒毕露，给自己留点进步的余地和退路。

不了解的事，带着耳朵听

企业内人际关系很重要，作为新人，要先多观察同事之间的相处模式，多听同事之间讨论的话题，从他们的讨论中了解企业的情况。最重要的是一定不要随便乱插话，在你不了解的情况下，就不要随便地评价任何人和事，听着就行。

不要告诉别人你的过去

如果有人打听你，你回答得模糊一点，让别人摸不准，有神秘感和不确定性，才不会那么容易被拿捏。比如问你父母是做什么的。“我爸妈就是普通工人”。你住哪里？“我住××区”。

不要在同事面前自嘲，因为他会当真

有的新人会用自嘲的方式来表现自己的不完美，降低别人的期待值，以获得认可。因为比起被别人指出自己的缺点，自己先提出来能避免尴尬。但是你的自嘲，其实是公开地将你的弱点展现给对方，而这个弱点未来很可能会变成攻击你的武器，让同事滋生出“你就是很弱，很好欺负”的想法。所以，不要在同事面前自嘲，你的缺点只要你不说，哪怕有人发现了，也不会在你面前肆无忌惮地提起来。自嘲不会带来认可和人缘，反而会让你失去机会和同事的尊重。

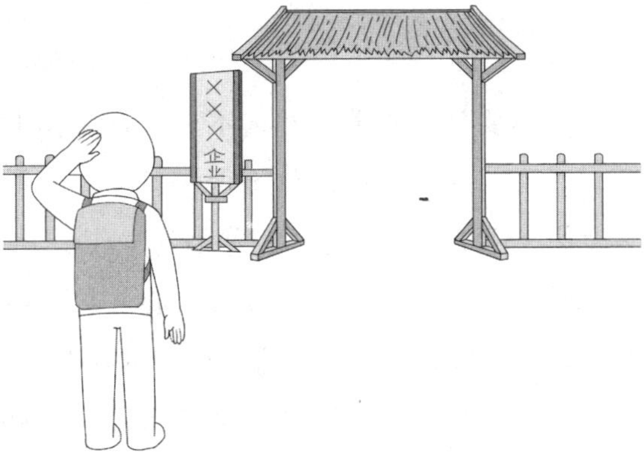

职场容易犯的几个大忌

● 工作不要太急切，不然就有可能适得其反，留下坏印象。

职场如战场，工作中大部分同事之间既是合作关系又是竞争关系，稍有不慎，就有可能触犯职场大忌。你说的坏话可能成为别人邀功的机会，只要和钱扯上关系，人就会变得表里不一。如果不想一步走错，导致自己从此与晋升无缘，请牢记以下四点。

不要急于表现自己

上司说话不要急着打断，上司布置任务不要急于表现。自身的能力最重要，如果能力不够还硬上，打肿脸充胖子，上司只会觉得你没能力，不稳重，爱说大话，便不会看重你。

干活别太快，鞭打快牛

既要马儿跑，又不要马儿吃草。相信不少人在工作中或多或少都面临过这样的问题。首先，在工作中，你干得快意味着上司会给你安排更多任务，这就是为什么活永远干不完。当你因为工作量大而频频出错时，上司反而会觉得你毛毛躁躁的，一点都没有用心。甚至在一些重点项目中，如果因为太快而出现重大事故，你之前所有的功劳都会被一笔勾销。同事也会觉得你是个“显眼包”，喜欢在上司面前刷存在感，久而久之便会孤立你。所以在职场中干活太急切，可能适得其反。

如何破局？

当上司不断给你安排繁重任务时，一定要学会拒绝。单独找到上司，表明十分感激上司这么看重自己，但是由于自己的时间精力十分有限，很难完成这么多任务，希望能把自己的工作分出去一些。如果上司执意把工作交给你，不妨把手中的工作一项项列出来给上司看，并向上司诉说自己工作的艰难。

不要做问题的搬运工

工作中出现问题是不可避免的，遇到自己不能解决的问题时，该怎么办？

切记，千万不要把问题直接抛给上司。出现问题，第一时间不是急着汇报，上司需要的是会解决问题的下属。思考问题，找到问题关键，列出解决方法才是聪明的下属第一时间应该做的事情。相信做好这一切后，再去找上司沟通汇报，上司会对你颇有好感。

色字头上一把刀，小心栽跟头

在企业中，不管是谁，一旦沾上好色的毛病，那此人的前途也就离完蛋不远了。

轻则传播黄色笑话，眼神、言语猥琐；重则制造谣言、身体接触、威胁恐吓……一旦引起公愤，后果可想而知。

有些管理人员，虽然没有做出什么逾矩如大搞权色交易等的事情，但是却用自己的权力偷偷摸摸搞小动作——滥用职权，偏袒异性等。同样是干活，一样的工作量和完成度，管理人员却给予那些漂亮的异性同事更多的奖励、更多的机会和待遇……长此以往，不仅会人心不服，更会对整个团队的氛围造成恶劣的影响。

汇报工作，需要做好哪些准备

● 只苦干不汇报，提拔永远不会到，要把选择题抛给管理者去做。

工作能力不错，就是得不到提拔，上司也不关注，问题出在哪里？上司都爱说“我要的是结果，其他我不关心”。是不是要等到有了结果再去汇报？在职场，事情办到位，汇报更要做到位。有效的汇报是升职加薪的快速通道，大多数人汇报工作，只求把工作内容说清楚，真正的职场高手却能通过汇报工作，展现自己的能力。

工作汇报要做到“一明确三知道”

第一，明确给出各项工作的时间节点。

第二，要让上司知道项目进度的更新情况。

第三，要让上司知道前期工作的完成情况，前期完成的工作要进行复盘。

第四，要让上司知道存在的风险点和你后续的工作打算。

除此之外还必须做到：

第一，总结要快，内容高度浓缩，避免流水账。

第二，汇报要有逻辑，观点表达清晰。

第三，尽可能用数据汇报，让人一目了然，体现你的工作效率。

第四，主动汇报，别等上司找你再开口。

第五，选择合适的时间汇报，一般趁上司高兴时汇报，或者上午十点左右为佳。

要回避的四大雷区

第一，上司不问不汇报。第二，有问题，有困难压着，报喜不报忧。第三，在汇报中使用“大概一个月吧……”“可能还需要几周……”等类似模糊的表达。第四，越级汇报。

思维提升划重点

重点第一条：把上司放在第一位，弄清楚上司想要听什么，怎么听。上司听汇报，是用来做决策的，他需要什么信息，打算怎么听，都要事先弄清楚。重点第二条：先说结果，讲需求，重点都放在开头讲。重点第三条：进展不理想，有本层级无法解决的困难时必须要汇报。重点第四条：有效利用图表数据，让上司看得很清晰。重点第五条，事先做好选项，要让上司做选择题。

工作汇报万能公式总结 **工作汇报=目标结果+关键节点+进度更新情况+前期复盘+风险判断和策略**

工作汇报不仅能体现你的执行力，还能充分展示你的统筹协调能力，这才是升职加薪的核心竞争力。

主管的注意力是稀缺资源

● 主管先关注了你，继而才有可能器重你。

“主管的时间是宝贵的，他们的注意力更是稀缺资源。”作为职场新人，要想在这个竞争激烈的环境中脱颖而出，你需要学会吸引并保持领导的注意力，因为主管只有先关注了你，才能器重你。

精准对标主管需求，赢得主管认可

勤奋，从小事做起，正如那句老话所说“早起的鸟儿有虫吃”，每天早早到岗、打扫卫生、开窗通风等看似微不足道的细节，都能为你赢得主管的认可。这种持之以恒的努力会让主管对你建立起一种难以言喻的信任。

主管手上的事情千头万绪，因此主管喜欢眼里有活、灵活高效的人。成为一个灵活高效的职场人，也要从细节入手，将主管交代的任务放在心上，高效完成。多观察并学习老同事、优秀人才的办事方法，向他们看齐。

让主管多拒绝你，他才能记住你

适当地让主管拒绝你，是一种展示自己独立思考能力的策略。通过挑战传统的思维和做法，提出新颖、有见地的观点或方案，可以吸引主管的注意力，让他们对你产生深刻的印象，但一定要把握尺度，避免无理取闹或挑战主管的权威。关键是要在合适的时机，以合适的方式展现自己的独特价值和思考能力，让主管意识到你的存在并记住你。这样，你就有机会在职场中脱颖而出，赢得更多的机会和认可。

如何让人印象深刻

一个前提，全力以赴，服务于自己的部门。所有展示打上“部门烙印”。第一，积极动笔，“笔杆子”妙笔生花能出彩。一篇好材料就能让一把手甚至全体高层直接关注到你。但写材料，既要宣传好自己也要宣传好直属上级，这样大老板看得到，直属上级脸上也有光。第二，积极投身大型活动，参与团建展示自己的才华和特长，如演讲比赛、团建表演等，在公开场合展现自己独特的一面，不仅能让大老板瞬间记住你，还能让直属上级在下次有展示任务的时候第一个想到你。一个要点，以部门之名+自信，大方自信能让你散发独特的光芒。

多花心思和时间为老板分忧

第一，了解老板的标准和关注点。通过观察和请教，了解老板对工作的期望和评价标准，努力对号入座。留心老板关心的行业趋势、业务重点或者项目，为老板分忧。第二，学会与老板保持高度的一致。与老板在思维、观念和表达方式上保持一致，能更好地理解老板的需求和期望。这一点上，需要花时间和心思，也需要自己主动靠拢。任何时候，老板总是会优先考虑与他思路一致的人。

平时基础打好，临时才有佛脚抱

● 基础多打多练，必遇贵人帮忙。

知恩多回报

假如你周围有一个朋友，思维清晰头脑灵活，但现在生意破产，四面楚歌，亲朋好友唯恐避之不及，他来找你借几百块钱，你借还是不借？你不借给他，他也不会有任何怨言，毕竟世态炎凉、趋炎附势是人之常情。如果你借给他这些钱，他会记住你的好。假如你拉着他到家里喝几杯，安慰他，抚慰他，鼓励他，最后拿几千块钱帮他东山再起，他一旦

发达一定会涌泉相报，这就是“冷庙烧香”。很多人平时“不烧香”，临时抱佛脚，其实已经没有什么用了。

结交“潜力股”

在人际交往中，我们不仅要有一双慧眼，还要有长远的眼光。每个人都有他们的潜力，尤其是那些有能力的人。因此，我们应把结交贵人的策略提升到寻找“潜力股”的高度。当然，这并不是功利地看待人际关系，而是基于对人的尊重和关心。善于发现人的优点，善于觉察到他人的困难并及时施以援手，达到这样的境界需要一定的修行。

人情需要持续的维护

人情是需要往来的，人与人之间的联系需要不断地维护。时刻惦记，常记在心。日常关心，年节问候，才能建立长久的联系。

在人际关系中，“冷庙烧香”是一种智慧，更是一种长久的修行。眼光长远，真心付出、小心维护，才能建立起稳固的人际关系，维护好自己的“贵人群”。这不仅能帮助我们在关键时刻得到贵人相助，还能丰富我们的人生体验。

想和上司多沟通交流，怎么发消息更得体

● 多找机会沟通交流。

人情社会，拜访客户、上司等，一要胆子大，二要找借口，三要小声说，四要少预设。想去上司家坐一坐，提升彼此感情，如何开口才既显得不突兀，还让上司不拒绝，开口前记住四个原则。

胆大真诚表心意

想见上司提前预约，有微信发微信，没微信发短信。消息发出一段时间没有回复，直接打电话。这种情况，或许是上司没注意短信，又或者是他故意忽视。短信只是初次邀约提醒，电话跟进才更加真诚。想和上司见面一定要胆子大，脸皮厚，千万不要扭扭捏捏。清晰自信地表达意愿，诚挚地发起邀请，或许会收获意想不到的惊喜。

有事说事

在发消息时，切忌只问“在吗?”这样上司可能会不回复。有事直接说，简洁明了。确定好时间，发短信问：“老板，您好！我是某部门的小刘。我看您周四没有会议安排，当天晚上您有时间吗？我向您汇报项目进展，恳请您指导。”如果上司有意愿，多半会直接回复你什么时间有空。邀请上司时，先亮出自己的目标，给上司决定的主动权。

不打无准备的仗

邀约上司一定要注意时间、地点和技巧。时间上，提前了解上司日程安排，选择在他空闲时段进行邀请。同时，拟订几个具体时间供上司选择，以免他不理会你的邀请。地点上，选择相对安静且隐私性好的空间，确保仅限于两人之间的交流，避免被第三者窃听或误解，拿去大做文章。

直接邀请不怯场

你永远不知道机会什么时候来。发消息只是约上司的一种方式。有时候，我们会面对面碰到上司，这时只有你们两个人，你可以悄声询问："您今天或明天晚上在家吗？我去您家里拜访一下。"如果上司说："我这些天没时间。"你可以进一步表示："那今天下午四点您在办公室吗？我来跟您汇报，耽误您一分钟。"直接说，不怯场，不要预设太多开场白。

善于宣传、展示自己，变被动为主动

● 工作在埋头苦干的同时，也要规划合理的晋升之路。

先说结论，在职场，升职加薪可以归纳为一个公式：

升职加薪=（明确的职业目标+卓越的工作表现+主管同事的认可+有效的沟通和谈判技巧）×积极主动

干得好的定义是什么？

职场打工人小张，常常孤军奋战，埋头苦干。主管交办的任务，他都加班加点，提前交付。你觉得小张算干得好吗？小王从不加班，但团队的同事对他评价都不错，愿意帮忙，主管还夸小王有眼力见儿，小王算干得好吗？

在职场，“干得好不好”，构成是非常复杂的，咱们得做个职场明白人，把它拆解清楚，再各个击破。

职场不是一座孤岛，大家好才是真的好

“干得好”不仅仅意味着个人的成绩和工作效率，更需要考虑到团队合作、主管认可和同事间的融洽互动。

要善于宣传自己，展示自己的成果

主管的注意力是有限的，他们往往会更关注工作的结果，而不会主

动关注到人。即使工作再优秀，如果不能及时向主管或管理层展示自己的贡献和成果，他们可能完全不会注意到你的价值和潜力。

一个清楚，两个摸清，做好自己的晋升规划

在入职之前就必须弄清楚的是自己岗位未来的晋升路径，并不是每个工作岗位都有升职加薪路径的。进入职场后，先了解所在企业的规则，明白业绩评价标准是什么？如何衡量？在了解清楚的基础上，再给自己规划合理的晋升之路。

升职加薪是谈判谈出来的，变被动为主动

我们也不能总是被动地等着主管来提拔加薪，很多时候，升职加薪是靠谈判谈出来的。做到了积极地展示自己的成果，汇报工作进展，就不妨大胆地谈及自己的职业规划和升职目标。做好充分的准备，寻找合适的时机，汇报自己的工作情况，提出自己的升职愿望和薪资预期，认真倾听主管的想法，提出可选的方案。虽然谈判不一定成功，但一定要保持这份积极主动。

做个职场明白人，保持积极主动，了解环境，了解人员，了解自己，升职加薪就在眼前。

含金量高的工作汇报套路

● 和“一把手”汇报工作的套路，怎么说比怎么做更重要。

我们在职场扎实做事，大多是与合作对象、同事对接，跟直属上司汇报工作。如果有机会和“一把手”汇报工作，一来说明你在项目中承担了重要任务，有话语权。二来表示你提拔在望。因此，把握好这个机会，展现你卓越的管理能力和执行力。

和“一把手”汇报和跟直属上司汇报的套路大不同

和“一把手”汇报工作**要强调工作进展，少说问题**。汇报阶段性的成果，预期目标，工作中的亮点。**要巧妙强调自己的努力**，汇报自己对工作的付出，对项目贡献的智慧。要表达积极的意愿，强调团队合作的融洽，最终的落脚点是“工作进展不错，我很努力”。跟大老板汇报，要多说困难，请求支援，强调功劳都是团队的，自己全力配合。

把握互动机会，既要说工作，也要汇报思想

汇报工作时，“一把手”在意的不仅是工作，更重要的是你这个人是否符合预期，是否挑得起担子，是否值得提拔。因此要把握住汇报工作中的互动环节，让“一把手”更了解你。

第一，关于汇报工作的互动，“一把手”询问到你的看法，需要跟自

己的团队以及直属上司事先沟通好，哪些工作需要提，哪些工作不提，关键时刻要有自己的判断。要确保上下一致，切忌自己提的想法直属上司完全不知道。

第二，关于个人思想的互动。大老板关注的是项目之外，你对自己的职业规划和打算。一方面要注意求真务实，表达自己明确的晋升目标和工作意愿。另一方面，可以把问题抛给大老板，求指点，一般情况下大老板可能心里早有预判，听听大老板对你的培养计划，让自己心中有数。

高度重视，“四要”处处体现踏实

一要形象端庄，衣着得体。

二要自始至终都正视大老板，有眼神和表情的沟通，切忌只盯文稿。

三要说话有条理，熟悉汇报的内容，了解大老板的关注点，准备好“提问清单”。

四要带笔和笔记本，在大老板发表意见，仔细聆听，认真记录。

总之，一定要把握住与“一把手”汇报的机遇，高度重视，充分准备，展示自己的能力和才华。如此优秀的员工，不提拔你，提拔谁？

展现自我的小窍门

- 精准发力，有效展现自我价值。

很多职场新人不知道如何在负责人面前挣表现，或担心成为企业里的“邀功精”而被排挤和打压，因此不敢表现。这其实是存在一定的误区。在职场上，成果的展示是你个人自我价值的体现，千万不能埋没自己的价值。所谓，低调做人，高调做事。**一个思路，三个时间节点，一套技术化表达，让你精准发力，有效展现自我价值。**

一个思路，三个时间节点

让负责人在工作的全过程中看到你的努力、用心和付出，看到你的才华和功劳。

第一，关于工作的问题无论大小，积极请示，定期汇报，让负责人把事情放在心上。第二，把握**三个关键时间节点**，精准汇报。**任务完成1/4时**，一定要给负责人一个前期汇报，汇报前期准备情况，目前着手情况和存在的困难。**任务完成1/2时**，务必要给负责人一个中期汇报，向负责人报告时间过半，任务过半，工作进展顺利，请负责人放心。在**任务快要完成**、能够给出具体办结时间时，要进行验收前汇报，向负责人汇报工作的完成情况，收尾工作，确认最后验收的时间，邀请负责人验收。踩准三个时间节点，能够让负责人看到你全程的付出和发挥的核心作用。本质上也是在隐形地展示自己，从负责人角度看，你全程上心，实时给反馈，负责人能放心。

一套技术化表达

我们不能仅强调苦劳，“加班加点忙到凌晨三点”从负责人视角来看表达的是抱怨，看不到你的成果和用心。体现你的贡献，可以总结为一个公式：**8小时之外的时间点（思考、复盘、学习研究、做准备工作）+洞察事物本质+具体数据+新思路新体会+表达积极性**。

例如：“李经理，我们这个项目完成之后，我回去认真地进行了复盘，把整个过程品了一遍，有几点想法向您汇报。一个方面呢我认为后续我们的宣传和跟踪一定要跟上来，这边我已经开始草拟跟进计划表。另一方面呢，透过这次的调查数据，我认为还能进一步挖掘，我在思考咱们是不是还能从×××角度，开展新的项目……”这样技术化的表达能够清晰地表明你在这项工作中的贡献，还能让负责人看到你对于工作的思考和用心，既展示了自己又获得了好印象，一举两得。

加班也有艺术

● 即便不能给老板留下一个好印象，也不能给老板留下一个不上进的印象。

站在老板角度，提前完成任务最大的可能就是工作量不够饱和。因此，请记得一定不要在老板面前表现出自己“没事干”。

事实上“高效”很难被看到

小张和小李明天早晨都有要交的方案，他们都在下班前完成了，小张工作完成后到点立马打卡回家；小李下班留下来加班，老板下班时叮嘱他：“忙完早点回家休息！要爱惜身体。”第二天，两人同时汇报工作，其实方案水平差不多，可是老板特意夸了小李：“小李的方案很不错，小伙子非常用心！”

工作效率其实是个模糊的概念，这就容易导致“看得见”的效率比“看不见的”效率更得人心，8小时之外的“努力”比8小时之内的“努力”看起来更有价值。

偶尔加班，加的是人情

8小时内，处于工作状态，人与人之间建立的更多是工作关系。8小时之外，加班加的更多是一份共同努力奋斗的人情。如果老板还没下班，在自己没有其他活动安排的情况下，可以适当再留一会，利用这个时间可以复盘当天的工作，或是安排下明天的工作计划，也可以抓住这个机会跟老板交流汇报工作，比起所有同事都在场的工作时间，这个时候的交流更能拉近距离。

偶尔加班，加的是信息

企业的重大决定有时是老板开小会决定的，划重点：尤其是下班后的小会。这时候，还在加班的你是一个观察者，能够有机会先人一步接近最前沿的消息。

稍稍早到，轻微加班

每天卡点匆忙到岗的下属和稍微提前到岗收拾好桌面做好准备的下属，老板必然对后者印象好得多。到下班点立马打卡走人的下属在老板心目中也一定没有下班时间仍在继续工作的下属稳定靠谱。这不是提倡大家卷，稍稍早到，轻微加班，能让自己从休息状态到工作状态的转换中有一个小小的缓冲，也能换到一个好印象，这一点时间的付出，不亏。

加班也有加班的艺术，记住三点：一不为难自己，二不长时间经常性加班，三不漫无目的加班，只在自己最需要的时候给自己安排加班。

别人的屋檐再大，不如自己有把伞

● 别人没有义务帮你，提升自己的能力和实力才是硬道理。

在职场中，我们时常面临各种挑战和困难。有时，我们可能会寄希望于别人的帮助，但我们必须意识到，别人的屋檐再大，也不如自己手中的伞可靠。求人不如求己，提升自己的能力和实力才是职场生存的硬道理。

职场求人不如求己

别人，甚至连父母都没有义务帮助我们。尤其在职场，我们应该注意到同事关系的两面性：既有合作关系又有竞争关系。在目标一致情况下的合作关系一旦有利益冲突就会转化为竞争关系，并且竞争永远存在。因此，更不能指望同事的帮助，毕竟，谁会愿意帮助自己的对手呢。我们唯有提升自己的能力和实力，才能在竞争激烈的职场中立足。

提升自己的能力

打铁还需自身硬，提升自己的能力是职场生存的关键。这种能力是综合的能力，我们需要不断学习新知识、掌握新技能，以应对不断变化的职场环境。也要注重培养良好的沟通协调能力和管理能力。

不要轻易相信别人

职场竞争激烈，有的人会为了利益而欺骗或背叛，职场人际关系复杂，随时会面临各种谣言、传闻和虚假的消息。如果轻易相信别人，很可能会被卷入不必要的纷争甚至被人利用。

少说多听

我们需要学会少说多听。贵人不语，言多必失。不要尝试去跟别人讲道理甚至改变别人的想法，你说的话有没有道理，其实取决于你的地位和身份。多用心听，可以让我们更好地了解别人的想法，弄清他人的意图。倾听也可以表现出我们的尊重和谦虚，愿意倾听而不多言的人，更容易与人维持良好的关系。

选择乐观善良的朋友

多和乐观善良的人交往，乐观善良的朋友能够给我们带来情绪价值，提供源源不断的正能量。正向的社交能够让自己获得成长，一定要远离那些爱抱怨和讲是非的人。

小事靠忍，大事要狠

“小事靠忍，大事要狠”是一种处事策略。职场上很多事情都是日常琐事，这些事情可能不会直接影响到我们的职业发展，比如老板安排一些不喜欢的工作，或者与同事有小的摩擦，我们可以选择宽容的处理，宽松的对待，不激化矛盾。而面对重大或者关键的事情时，就需要坚决和果断。比如，面对工作中的重大挑战、职业发展的关键节点，或者遭遇不公正待遇时，需要展现出决断和强硬的态度。这样能够让我们在职场中树立威信，赢得应有的尊重。

千万记住，别人的屋檐再大，不能替你挡一生的风雨；自己手中的伞，才能伴你走遍天涯。

精准提升自我价值，成为不可或缺的人

● 提升四种能力，成为不可或缺的人才。

在企业中，我们经常面临各种挑战和竞争。有些人鞠躬尽瘁，努力工作，结果发现明明又苦又累却感到碌碌无为。最可怕的是，当你为企业卖命多年，结果却换来被“优化”。

我们要明确一点，我们在企业工作，最重要靠的是个人能力还是企业提供的资源、平台？答案显然是个人能力。我们需要的是利用工作机会不断训练提升自己的工作能力，让自己在企业甚至社会上成为一个不可或缺的人才。

提升四种能力，精准提升自己的价值

首先，清楚自己想要在职业生涯中达到什么目标，自己的晋升路径是什么。一个明确的职业目标有助于我们制定计划，有针对性地提升自己的价值。

培养学习能力，终身学习。职场变化快速，我们必须保持学习的态度，不断更新自己的知识和技能。利用企业的平台充实自己，积极参加各类学习、行业会议等都是提升自己的有效途径。如果你是专业技术岗位，一定要做好“考证规划”和“职称规划”。技术越扎实，越不可或缺。

培养社交能力，建立自己的人脉。在企业中，关系和人情至关重要，需要有良好的社交能力才能维系好。在岗位上锻炼自己的社交能力，与同事、上司建立良好关系，确保无论是在企业还是离开，他们都是自己的有利资源，能够为自己所用。同时也要利用企业平台，尽力开拓自己手中的资源。

培养自己的担当能力。培养担当能力不是抢着给自己揽活，而是要培养自己挑大梁的能力，保持积极的态度，不要等待机会，而是要主动去寻找和抓住机会。机会在面前要主动担起来，担当起责任，做那个团队里的“领头人”，能够让上司看到你的价值。在职场怕就怕有事情就往后躲着，这样好机会永远到不了你头上。

培养自己的专业技术能力，成为与时俱进的专才。有能力的人在哪里都不可或缺。在岗位上锻炼、提升技术能力的同时，更重要的是要关注社会动态，了解行业的发展前景。我们现在的工作种类和专业也许在10年前根本就不存在，当我们在不断精进自己的技术时，也不要忘了关注动态和行业技术的衍生发展，关注技术与社会需求的适配，成为“与时俱进的专才”。

千万不能默默地消耗自己，要记住，工作只是你提升自己的训练方式，职场只是你锻炼自己的环境。为提升自己努力，自身有价值的人才无论在哪里都不可或缺。

职场里什么样的人最受欢迎

● 学会在别人背后夸人，当传到他耳朵里时，你们的关系会越来越好。

企业里想要拥有好人缘，不用你跟所有人兴趣相投，也不用你有超强的工作能力，只要你掌握几条要点，办公室好人缘轻松拿住。

麻烦他，感谢他

遇到问题，多问，无论同事在这个问题上给的帮助是大是小，下午给他带点小零食或者饮料，顺嘴说一句："今天多亏您的帮助，我请您吃零食/喝瓶饮料。"这样一来一往，既表达了对同事的感谢，也增加了交流的机会。

跟各部门配合时，无论是要文件还是交材料，记得说一句谢谢，有礼貌总是对的。

夸他，一直夸

想和谁关系好，那就夸他，哪怕是在背后夸他，你的夸赞都能很快传进他的耳朵。

夸人不是说让你见人就一顿夸，而要夸到点上。第一，要夸他的优点和有进步的地方，比如"你的文件写得越来越好了"；第二，别人夸你的时候，别只知道说谢谢，要借机反夸，比如"像你这样有眼光又好看，还会说话的人太少见了”，这样既美了自己，也夸了别人，还能拉近距离；第三，聊天时适时地表达出你的羡慕，比如“你这创意也太好了，我要是能有你一半出色就好了，你是怎么做到的呀”，这样不仅增加好感度，还开启了新的话题。

换位思考，利他思维

在企业里内，无论老少，利己主义者总会有，这类人想必大家都不喜欢。人际交往中，发自内心地多为对方考虑一些，这些善意对方一定能感受得到。比如沟通时先认同对方的观点，再去表达自己的意见，既不伤面子，也能有效沟通。

利他思维，就是表达“我在做某件事的过程中有想到你”。比如“逛街看到这个，想起你说一直没买到，就顺手买给你了”，“主任那有一个培训的名额，我向他推荐了你”。

小善意，大能量

只要不涉及自己原则利益的事，都可以主动一点。遇到同事，主动微笑打招呼；举手之劳的小事能帮就帮一下；在利益好处面前不独占，懂得和领导与同事分享……时间久了，这些善意小事，也会聚集成大能量。

最后，不要独自吃饭，食堂也是一个很方便拉近关系的重要社交场所。借吃饭之机，可以向同事了解情况、请教问题，推动了工作的同时又避免尴尬，何乐而不为？

帮人也应量力而行

● 帮人时，“锦上添花”不如“雪中送炭”。

企业里帮助别人是常有的事。如果别人没有开口求你，你主动去帮他，有心之人觉得你在卖弄自己，你的帮助也变成了一种侮辱，你的出手显得太廉价，做不好的时候别人也会埋怨你。在别人走投无路时，你的帮助对他来说才是雪中送炭。

帮忙切忌“事事帮”

在企业里，你应该帮助同事吗？答案是肯定的。同事提出的请求，应该都提供帮助吗？答案又是否定的。要知道，你的精力是有限的，首先要完成自己的工作，有余力的时候再去帮助同事。因为你的工作完成与否，关乎你的饭碗能否保住。试问，你的老板会在意你帮助了多少同事吗？如果你丢了饭碗，你能承受这样的结果吗？

先“自助”再言“助他”

职场中，一个合格的助人者，要先把自己的事办好，再去主动帮助别人，没有后顾之忧的人才能更好地帮助别人。比如有的人，自己的工作都还一塌糊涂，还想着去帮别人，结果自己的工作没做好，帮忙的工作也没完成，最终西瓜芝麻都没捡到。

帮人要帮得“恰到好处”

公司里帮助别人100个小忙，不如帮别人1个大忙，特别是关系别人切身利益的忙，在绝境中出手，别人才会感激你。如果你的同事没有主动开口请求帮忙，你又主动去给他搭把手，在他眼中，无疑会觉得你轻视他的能力，是在侮辱他。甚至你把事情搞砸了，他还会反过来埋怨你，适得其反。

职场中盲目帮助别人，很可能让同事误解你，甚至怀疑你的目的。一个有眼力见的人，在职场里容易混得风生水起，做一个在恰当的时候做恰当的事情的人，更容易得到老板的赏识。你恰到好处的帮助会为你积累好的人缘，也会为你长远的发展铺平道路。

帮人时，要记得“帮到底”，帮了一半容易给别人留下“不靠谱”的印象，久而久之，老板也会觉得你“不靠谱”。所以，既然答应帮助别人了，无论事情或大或小，一定要有始有终。

千万不要在职场里当小孩

● 职场有时给人很现实的骨感，不要过于完美主义。

记住，千万不要在公司给自己贴“小孩”的标签。“小孩”的标签并不意味着特别的优待，反而可能会被同事认为好欺负。

如何摆脱“小孩”困境

面对不合理要求，委婉地拒绝：“哥/姐，您稍等一下，我手上还有主管急着要的材料，刚他又催我了，我得赶紧弄，弄完了再帮你。”在不能和主管确认的情况下，同事只能让你先做主管着急的任务。

勇于麻烦别人

害怕给人添麻烦，就会产生更多麻烦。新人遇到难题及时问，勇敢地说出：“王总，写材料之前有需要注意的地方吗？”礼貌一点，姿态低一点，及时询问，降低时间成本。同时，要注意高效沟通，不盲目、频繁地寻求他人解决所有问题，或者同一个问题问两次。

学会高效沟通

要做有逻辑的沟通，不做没有逻辑的灵光一现。不要刚问完材料怎么写，突然就说出差怎么办，话音未落，又说今天有新的活动安排……一个思维发散的人，做事做人也不会太严谨。不打没有准备的仗。沟通

前，提前准备功课，查资料，捋顺思路，清楚自己要问什么和需要解决什么。沟通时，直接表述整理的要点，双方集中精力解决问题或达成共识。随着时间的推移，多沟通多锻炼，让你的发言更具逻辑性。

不要过于完美主义

一定不要做被“完美”困住的人。新人总会不自觉走进“完美”陷阱，材料里这句话说得不好，改一下，词语不精准，改一下，字体颜色不好看，改一下……要求自己一次把事情办得完美无缺，从而陷入没有尽头的修补、检查工作中，被打上“效率低”标签的同时还陷入自身无能的内耗。

学校里，可以做一百分的完美学生，但工作里，学会做性价比高的事情更有利。工作质量当然很重要，但过于追求完美导致工作进度拖延更糟糕。先完成再完美，边思考边填充想法，形成初步方案，达到心里的及格线先交出去，后续在主管和前辈的沟通中不断迭代工作内容，既节省时间，又提高了效率。

职场里不成熟的表现

● 人须求强，但不能逞强。做人要有自知之明，做事要懂量力而行。

企业内有很多不成熟的表现，比如不愿意接近老板，不管什么事情都喜欢出手相助，亦或是好为人师，喜欢指导别人。特别是下面四点，如果你不改的话，将很难得到老板的提拔重用。

用力过猛，失价值

有人觉得好的开头就能成功一半，一进企业就毫无保留地表现自己，这样做无形之中抬高了你在老板和同事心目中的预期，一旦你没做好事情，你就会成为无用的人。

情绪不稳，一场空

人在愤怒时，大脑的思考能力为零，所以一定要学会控制自己的情绪。企业里那些能力强、干活多的骨干型同事，有时会因情绪上头直接跟老板翻脸，这样做不仅会让前期努力都付诸东流，还会授人以柄，被认为这个员工思想不端正，不听指挥。

真真假假，别当真

第一，别把表扬放心上，夸你的话，听听就好了，千万别自傲。有个词叫“捧杀”，一旦你被捧得高高的，那离狠摔就不远了。第二，别把玩笑当真，如果老板说下次争取给你评个先进，你千万别认为只要做得好，啥都能轮到你。第三，遭到质疑和批评，就否定自己，做事缩手缩脚。这是不对的，被批评了，改正、补救，下次不再犯就好了，千万别质疑自己，太入心容易内耗。

埋头干活，不汇报

企业里的任何一项工作都不是靠一个人闷着头干，就能从头到尾完成的。你要懂得务实，该找同事协助的就说出来，需要其他部门或平行企业配合的就多联系。别自己硬扛，因为经常性加班或工作重叠导致的差错，很容易影响大家对你的印象。必要时，要拒绝，否则你的退让只能换来更多的活。

沟通时，也要记得及时向老板汇报进度，还有遇到的困难，别等最后老板问起再全扔给老板解决。或者在做事前多问，比如老板给你安排活，你有疑问就当场问，且复述一遍工作内容，老板点头你才去做。每次做完什么事，你都去找老板过目，老板确认后再提交。

成年人要适应生存法则，而不是自己跟自己博弈。

和同事相处，带点脑子

● 务必牢记，在与同事交往时，避免透露过多个人隐私，保持一定距离。

千万不要高估同事的关系，他们只比陌生人强一点，如果你搞不懂同事关系的本质，你是要吃大亏的。

满足他人的荣誉感

在企业中，多肯定同事的优点和成绩，满足他们的成就感。没有人不希望得到他人的肯定和赞美。只要我们嘴上不计较长短，能说好话，行事会更加方便。小李进入企业后，没有因为自己是高才生就眼高于顶，生活中经常夸赞同事："王哥，您的方法太好用了，我的工作效率提高了很多，不愧是前辈"，"刘姐，您生病了还把工作处理得这么好，简直太厉害了"！小李提供了情绪价值，同事们对他也越发友善。平时，遇到写材料或处理工作，也愿意给他提供模板或者指导，节省了小李很多时间。

适当隐藏，学会装神秘

务必牢记，在与同事交往时，避免透露过多个人隐私，保持一定距离。年轻人从大学这座"象牙塔"走出来没多久，往往没有充分认识到社会的复杂性。部门的人对自己友好，就恨不得将所有的事情和盘托出，自己是哪里人，家庭条件怎么样，关系更进一步还会深入讲解一下自己的社会关系。结果可想而知，原以为的私人对话被添油加醋传播。更严重的是，有可能引起他人误解，认为你是依靠关系而非实力进入企业，从而引发公愤。

切忌背后议论他人

切忌背后和他人一起议论上司是非。同事之间很容易共情，一起无所顾忌地抱怨上司。特别是希望在事业上有所发展，更应该避免过于随意地发表意见。同事之间，没有利益冲突时彼此关系融洽，一旦涉及利益纷争，很有可能会利用你所说过的话来陷害你。

例如，你与关系较好的同事小李交谈时，共同表达对上司的不满，批评上司缺乏能力且盲目指挥工作，期望其尽早调离。然而，在一段时间后，当升职机会出现时，你却意外地落选了。经过打听，你发现上司早已得知你背后的议论，此时后悔也晚了。因此，在企业中，务必谨言慎行，以免陷入被动局面，实在避免不了也一定要模糊说话，不留把柄。

切忌好大喜功

不要过早暴露个人底牌。正所谓：“小不忍则乱大谋。”在企业中，想取得成就，就要保持沉稳，低调做人，避免过早泄露底牌，使他人迅速洞察自身状况。新入职的小白性格急躁，渴望在上司面前崭露头角，频频争夺表现机会，同事们心知肚明，也未加阻拦。不久后，小白工作中出现难题，还是找了前辈协助才解决了问题。虽然最后顺利完成工作，但小白已经给同事留下了好大喜功的印象，再想改变形象也并非一朝一夕的事。

用力过猛的人，基本走不远

● 企业里跑“马拉松”，后劲够足才能笑到最后。

你如果经常长跑就会发现，一开始就加速冲刺，虽然能抢占先机，但往往会因为后劲不足，逐渐被身后的人所超越。在企业里也一样，如果你做一件事情，一开始就付出全部的时间和精力，久而久之就会因为疲惫而懈怠，长此以往也就丧失了冲劲和热情。同样，你付出的大量时间精力，也会让你对这件事的结果产生过高的期待，如果事情的结果或者回报达不到心里的预期，你的心态也会受到很大的影响。

掌握节奏，切忌盲目攀比

任何一个企业，都有能力强的人，也有“摸鱼”的人。许多新人刚入职场，对自己的未来充满了信心，这种心理虽然能让你在工作时以更高的标准要求自己，但一旦处理不好，就会莫名掉入“内卷”的思维陷阱，甚至事事都要和能力强的人比较，这种不健康的工作心态，才是你感到疲惫、后劲不足的根源。

降低期望，学会接受自己

对自己的工作成果有严格要求和较高的预期是好事，但也要做好达不到预期的准备。高手保持工作状态的秘诀，就是减少期待，戒掉敏感，停止胡思乱想，把自己的工作能力完全发挥出来。期望越大，失望就越

大，你越在意什么，什么就会越折磨你。

适当放手，为了更加“闪亮”

同事事事做得出色，经常得到老板的表扬，而你长期高强度的工作，也只是让你在公司里“不掉队”，长此以往，焦虑、失落便会主动找上门。其实，你可以偶尔安慰一下自己，甚至“应付”一次工作，只有调节好自己的节奏，才能再以饱满的热情投身到工作中。

老板批评，别太放在心上

老板的话别太较真，老板的饼别太当真。对于老板的批评，有道理就积极采纳，没道理的就自动忽略。对于老板的夸奖别太上头，更不要沾沾自喜，毕竟他可能对每个下属都说过这句话。公司对于你而言只是一个发展的平台，你现在拥有的权力与地位，在你离开这个平台之后就会烟消云散，你真正拥有的是换任何工作都能用上的一技之长。所以不论何时何地，自我提升才是第一位。

在企业中打拼，保持情绪稳定，平稳推进工作才是第一要务。起跑就开始发力的人，多数走不远，要知道人的精力与耐心是有限的，一开始用多大力之后就会有多无力。脚踏实地，一步一个脚印才是王道，急功近利只会让你坠入无尽的深渊。

职场里的社交陷阱

● 职场社交风浪大，知人知面不知心。

职场如战场，虽然看不见硝烟，但是依然处处藏匿危险，人心隔肚皮，职场小人给你挖的社交陷阱总是让人防不胜防。如果你不想沦为别人的“垫脚石”，更不想被踢出局，就需要凡事都留个心眼，随时看清潜在的社交陷阱，妥善化解自身的社交危机。

把好同事之间的尺度

同事之间可以是朋友关系，也可以是竞争关系。如果你和别人有了共同的利益，那么你们可以相处愉快；可如果你们产生利益冲突，那么你们可能会成为竞争者。

学会拒绝无意义的工作

如果上司让你整天做一些没有技术含量的杂事就行了，表面看起来是“为了让你学习更多的工作经验”，而实际上就是在消耗你的精力，让你根本没有时间去学习、提升、成长。

所以在职场中不要给你派什么活都照单全收。不属于自己的工作内容和超出能力范围的事，要敢于开口拒绝。长期高强度无意义的工作，不会给你带来任何工作能力上的提升，反而会消耗你的心智，直到你开始摆烂。

过度热情的同事，一定要留个心眼

总有些同事对你很热情，让你以为找到了知己，你开始对他敞开心扉，无话不谈，却不承想你的那些秘密，变成了企业里人尽皆知的谈资和笑料。

套话的本质并不是什么玄而又玄的高深套路，而是通过一些技巧引你说出一些自己的信息，比如假意关怀你的生活，和你交换信息，甚至是假意站在你的角度帮你解决问题。对待这类人要保持清醒的头脑，防人之心始终要有，永远不要对同事掏心掏肺，更不要用秘密换真心，聊到涉及你核心信息的内容，要学会打岔和转移话题。

捧杀，会让人迷失自我

你可能会说：我可不怕捧杀，他爱吹捧是他的事，我知道自己几斤几两。可真正的高段位捧杀是让所有人都认可你，逼着你进套。当一群人都在夸你，你还能看得清自己吗？

如果你发现自己被捧杀，一定要马上制止再转移目标。比如有人说你能力强，把你吹成无所不能的大神，你就把话茬抛给现场身份更高的人：多亏了王总当时给我的指点，我和我们团队才能拿到这项荣誉。此话一出，捧杀你的人就必须要开始夸王总，不然就是不给王总面子，而对你的捧杀自然就化解了。

总之，职场里的社交陷阱防不胜防，你要对自己有个清醒的认识，既不自卑也不盲目自信，面对别人的“暖风话语”，要一笑而过。平时，要记住防人之心不可无，不要被“温水煮青蛙”了还告诉别人水温是多少。

闭嘴的鱼，最不容易被钩钩住

● 学会闭嘴，保持沉默，不要为了一时冲动说的话后悔一生。

职场中的高手，不会因为一时投缘，就轻易亮出你的底牌。职场人最该防的不是外人，那些欺负你、算计你的人多数是对你知根知底的人，外人不敢算计你，因为他不知道你的底细，没有一个人会对他不熟悉的人贸然出手。所以，做人要会“藏”。

没有不透风的墙

职场上，不要和人一见面，就把身边发生的事都告诉他，你以为他是朋友，他是好人，其实未必。古往今来，有不少人都是死在了朋友的手里，比如林冲因为相信陆谦，最后搞得自己妻离子散，家破人亡。韩信因为相信萧何，最后被吕雉用竹签子活活扎死。“藏”这个字，韩非子早在几千年前就已经看透了，所以他说“明主观人，不使人观己”，就是说明君观察别人，而绝对不会让别人观察自己，减少自己的信息输出，以防他日有变。

最了解你的人有可能是你的对手

在职场，今天你们相见恨晚，明天你们可能就是仇人见面，分外眼红。毕竟，你们之间的利益关系导致你们可能因为一点事就闹掰了，这是很正常的事。到了那个时候，人家对你了如指掌，你对人家一无所知，这就让自己处在十分危险的境地。

少说少错，言多必失

在职场中，你需要分清什么话和同事可以讲，什么话不能讲。有时候说者无心，但听者有意，随口发泄的一句话，就有可能给别人可乘之机。凡事从利益的角度去衡量，去考量，你就会越来越聪明。如果你从感情的角度去考量，你就会越来越迟钝。当你对一切都无所求，心无旁骛地把自己的事情做好的时候，你想要的就来了。事以密成，言以泄败。隐忍且蓄势待发，潜龙勿用，才能见龙在天。

所以永远记住，越是面对熟人，就越要少说话，把自己藏好了，不要一张嘴就把自己都说干净了。职场中，你只要能管住自己的嘴，少说话，你至少能够减少工作一大半的麻烦。

请停止这些看似精明实则很傻的行为

● 真正厉害的人，装得了傻，沉得住气，看得清局势，稳得住阵脚。

弱者任思绪控制行为，强者让行为控制思绪。企业里有很多“自以为是”的人，处处显摆自己的聪明，实则很傻，浪费精力。所以，为了不变成跳梁小丑，请立即停止这些看似精明实则愚蠢的行为。

和老板唱反调

老板能直接决定我们的工作和提拔。很多人公然和老板唱反调，认为认同老板是很谄媚的行为。但在人情社会，试图抗拒这一现实无异于蚍蜉撼大树。我们想在企业走得更远，与老板建立良好关系至关重要。

埋头苦干等赏识

不要只顾着埋头干活，也要学会抬头看路。有的人认为只要自己踏实干活，老板就会注意到我们的努力。实际上业务能力强，且善于表达、懂得协调、能够为老板分忧解难的同事才更容易获得青睐。很无情，但这恰恰是人性的真实写照。

直来直去情商低

有些人说话直来直去，无所顾忌，似乎只要好好说话，就是在迎合

他人，卑躬屈膝。殊不知，言行无忌只会暴露自己情商低。在企业如果连最基本的尊重他人和察言观色都做不到，那么晋升的机会也必定渺茫。

盲目站队支持

遇到内部竞争时，选择中立是明智的。盲目站队，无疑是缩窄了自己晋升的路，而且一旦站错队，连带着你一起也可能受到很大的影响。所以，不管是为人还是处世，一定不要想着能占别人便宜，培养自己各方面的能力，做有价值的人，才是正途。

只在需要时维护感情

平日独来独往，需要帮忙时，才想着维护关系，为时已晚。突然寻求他人的帮助，不仅会使对方心生防备，还会让人误解彼此交往的初衷。所以，人情这东西，一定要在平时维护，需要时才能用得上。

期待老板会公平

新人总希望获得老板公正的对待。但实际上，老板更看重公司利益和结果，不会过多干预。因此，不要依赖他人，不要去对比，唯有自身强大才能握得住机会。老板对你个人的态度能决定你的待遇，如果你想老板更加重视你、关注你的话，就要学会展现自己的能力。

被人抢功，如何高情商挽回

● 干得漂亮还不够，还要能守住漂亮。

职场里的功劳是一种稀缺的资源，一些想要不劳而获的人，成天琢磨抢别人的功劳，为自己谋取实实在在的利益，获得升职加薪。自己的劳动果实被别人窃取，自然感到不公，“哑巴吃黄连”只会让你感到更加愤怒，可一怒之下找上司也不是上策，说不定还会得到一个糟糕的结果。那么要怎么做，才能避免自己的功劳被人抢走呢？

向上司常汇报，勤“露脸”

要想在企业里守住自己的劳动果实，要学会利用正规方法和渠道，及时向上司汇报工作进度，比如周例会上，要抓住时机报告自己的工作情况，请示上司的时候，顺便汇报一下工作进度，最好附上详细的工作计划和进度表，让上司对你完成的这项工作记忆犹新。如果你经常给上司汇报工作的进度，遇到的困难，等等，上司清楚了解你的工作，那么你也不担心会被人抢功劳。聪明的职场人不会有事没事在上司面前絮叨自己的功劳，因为这只会让上司觉得你可能不适合在这个岗位上，因此，你要善于抓住合适的机会向上司汇报工作情况，“不经意间”就能帮你守好劳动果实。

不要公开矛盾，但要主动申诉

在公司里，有时你的功劳被别人抢了，这口气你咽不下去，怎么办？这里有一个真实案例，A有事情离开了，委托B帮他把工作完成，B工作做得非常出彩。老板回来一看做得很好，当众表扬A，但A并没有声明是B帮他做的。事后，B就去跟A谈，B说：“我知道在当时的情况下，你开不了口，你看要不我陪你去找一下老板，咱们把这个事澄清一下。”因为这个事比较大，牵扯很多利益。A说：“不必不必，我单独去跟老板澄清一下。”老板听后，转身又回到团队里面说：“这个事情少不了B的帮助，B在这件事里，发挥了很大的作用。”然后当众又表扬了B。B在处理这件事的原则就是不要公开矛盾，靠主动的申诉去维护自己的利益。

求人办事有讲究

● 求人办事是一种高雅艺术。

企业内提到求人办事，恐怕不少人都经历过约见、寒暄、陈述理由、深表谢意的过程，有的人为了达到自己的目的，对别人低三下四，有的人在求人的过程中，不但事没办成，还不小心把人得罪了。可见，求人办事也是一门艺术，也要讲究一定的方式方法。

求人办事——大事也要小

人是有畏难情绪的，尤其是面对别人的要求时，如果太麻烦、难度太大，那可能就会拒绝。所以，求人办事的时候，不妨姿态低一些，语气尽量的委婉，把大事说小，尽量把你所求的事情说小一点，以便对方顺利接受，这并不是欺骗，而是先减轻对方的心理压力，也让自己好开口。

长远考虑——结好人缘

平时在企业里，你要尽可能多地了解你的同事，了解他们的喜好。这样，在沟通工作时往往有意想不到的效果。在你有求于他的时候，对方的抵触心理会小很多。求人办事时，你要提前把事情考虑周全，站在对方的角度多思考，消除对方的疑虑，尽量不给别人造成困扰。你在职场中，应该对自己有一个明确的奋斗方向，知道自己将来要和哪些人打交道，要用到哪些人，在平时的时候注意做积累，人情积累够了，你就能够赢得很多人的支持。

保持关系——形成人脉

有的人求人办事，事成之后觉得对方也得到了回报，于是就不再联系了。你应该在事成之后继续跟他保持来往，因为你无法保证下次不会再求对方，如果很久不联系了，再去求对方，恐怕就不那么容易了。人情要经常维护，不要用人靠前，不用人靠后，如果你提前没有一些人情的积累，或者你前后做人不一，到时候真的没有人敢给你办事，更没有人真给你办事，所以，人情一定要放在平时做。

职场里，如何站稳脚跟

● 企业最佳人设：够靠谱+不好惹+露点富。

职场就是一个小社会，充满了许多你意想不到的事，有的见不得你好给你使绊子，有的又表面夸你实际上捧杀你，为了在企业里站稳脚跟，立好人设就显得十分重要，人设立得好，职场大海任你游。职场上的人设关乎你的职业发展，这里推荐职场里的最佳人设——“够靠谱”“不好惹”“露点富”。掌握职场最佳人设，平步青云不是梦。

做“靠谱事”，当“靠谱人”

“够靠谱”代表着你的底气，凡事都有交代，事事都有着落，老板才敢放心把事情交给你做，不说废话，不说闲话，不情绪化，你的同事自然会给你非常好的评价，这是我们职场的基本功，打铁还需自身硬，拥有了强大的实力，我们才能争取职场上的其他东西。试想一下，你在企业里分内之事件件有着落，事事办得好，老板自然对你赞赏有加，毕竟哪个老板也不喜欢天天给下属收拾“烂摊子”。

莫做“老好人”，要当“不好惹”

“不好惹”代表着我们有底线，有主见，敢说不，不讨好任何人，不随意帮忙，同时也不随便欠人情。有的人喜欢当“老好人”，甚至委屈自己也要帮别人，最后别人还不一定领你的情。有时，不想帮的忙可以不帮，责任心也不要过度，该拒绝时就要拒绝。职场里，为了更好地适应环境，你的棱角可以被磨得圆滑，但是绝不能被磨平，大胆拒绝不合理的要求，坚定表明自己的立场和态度，不要让人觉得你好欺负。

“露富”不是“炫富”，是为了保护自己

职场“炫富”可能会被人惦记，但“露点富”却可以让你显得更加神秘。“露点富”代表的是我们的底蕴，衣着得体，干干净净，心态乐观，有自信不抱怨，职场里面有太多看人下菜碟的事，我们不必吹嘘自己是有钱人，但是偶尔隐隐约约透露出自己的小家底，让老板知道，你不是非这份工作不可。适当说一说自己家庭关系和谐，让同事知道，你不是孤立无援，你的背后有靠山，要的就是让老板和同事琢磨不透。

立好“够靠谱”“不好惹”“露点富”这三点人设，你的职场生活将会顺风顺水。

职场这四类人，尽早远离

● 聪明的人，不表态，不迎合，不抱怨，以善之心去看，以防之心对待。

职场上不想吃亏，一定要远离这四类人，他们轻则让你名誉受损，重则让你扫地出门。别让他们摆弄你的三观，影响你的判断。职场上升的基本条件，就是学会“断舍离”。

无处不在的“爱打听”

办公室的“爱打听”总喜欢到处挖掘别人的隐私，哪怕是你家邻居家的猫掉不掉毛都想知道。除了爱打听，他的嘴还管不住，把自己知道的事情到处传，一般以茶水间和食堂为主场。通常在人群聚集时以“你知道吗”或者“我听说”开始，再用“这事你可别往外传”或者“你信我这是真的”结束。

若你遇到“爱打听”，一定不要招惹他。他能和你一起说别人，就能和别人一起说你，甚至让你名誉扫地。

优越感强的“马屁精”

他们总是想要显得比别人要强那么一点点，无论别人做什么他都想参与一下，或者说他时刻都想显摆一下自己，信奉的就是高调做人。

但是，在所有能见到老板的场合，他们会积极表现，开会时，第一排有他的身影；吃饭时，老板身边也是他，抓住每一个能让自己更进一步的机会，比如在饭局上，老板说这道菜点得不错，他会直接说：“您平时气色这么好，一看就是注重养生，所以我专门为您点了这道菜。”

负能量强的“抱怨狂”

办公室里有的人就像装满垃圾的垃圾车，每天充满消极、失望的情绪。随着垃圾越堆越高，他们需要找个地方倾倒。如果你给他们机会，那么垃圾会全部倾倒在你身上。

——垃圾车定律

他们每天不是在抱怨，就是在去抱怨的路上。企业里有个同事，看到新人来，他总会不冷不热地说“真够笨的，来这能有啥发展的机会呀”。看看，他们对所有事情都消极对待，所以他们眼里完全没有解决问题的办法和可能性。这种负能量太影响周围的人了，遇到了还不快跑。

甩锅抢功的“变色龙”

平时是你好，我好，大家好，转身就会为了个人利益背后下绊子。一起的任务若没办好了，他会脱开关系，好像没参与过。任务做好了，他恨不得跑到老板面前揽下所有功劳。这就是所谓的“甩锅他最行，抢功第一名”。除了抢功他更爱攀比，生怕任何方面落后于人，非常在意老板同事的看法，与他们长期相处会迷失自我，陷入内耗。所以远离他！

真正的高手做事都比较果断

● 你越果断，越不拖泥带水，就越有人欣赏你。

高手通常是冷静与理智的，不会轻易发脾气。真正的高手说软话做狠事，很果断。说软话避免冲突，减少麻烦；办狠事实现目的，达到预期效果。想成为狠人，请记住四招。

放下身段说软话

软话硬说，是沟通中最大的杀手。话说得好，能解决问题，说得不好，反而坏事。因此，与同事相处时，不要言辞直白，给人难堪。要放下身段说软话，少说你能力不行，多说你做得不错，给人留面子。说话直接的人忽视同事的情绪，不仅会伤害他们的心，还会让他们暗中记恨，进而背后使绊子，毕竟兔子被惹急了也咬人。真正强大的人，不用狠话压制他人，而用温和的语气展示气度。

吞下委屈努力学习

企业老板和同事批评你，不要无谓争辩，内耗自己，这只会搅入浑水，于你提升无任何助益。在企业能被提拔的人，多是实干家。只要你暂时忍受委屈，狠下心来学习，苦练工作技能和人情世故，等你提拔再看他们，不过是污泥里打滚的人。

不要诉苦显情绪

狠人从不显山露水，让情绪左右自己。在企业遇事别到处抱怨，否则吃力不讨好。不轻易相信同事，不要对他们抱有太多期待。如果他们在背后非议你，给你造谣，你生气不仅会伤害自己，还显得沉不住气。一定要关注眼下和以后，全力做有价值、出成果的事，别让糟糕的人和事消磨自己的热情。真的得寸进尺，学会用眼神压制，默默看他一眼，让他消耗心力。有些事即使你是对的，也不要浪费口舌解释，用结果说话。永远记住，立场不同，少说话；认知差距，不争辩；三观不合，不费口舌。

学会三思而后行

话说出去之前你是话的主人，话说出去之后你是话的奴隶。说话之前先三思，少说少错，不要因为乱说被人拿话柄。压力过大时，不要到处诉苦和抱怨，同事大多不会同情你，只会觉得你矫情，人前安慰人后嘲笑。即使心破碎了，手也不要停，在压力中继续向前，成为真正的果断的人。

李白满腹才华，为什么却混得不好？

● 越是有能力的人，越要收敛锋芒，低调做人。

李白的一生，是求而不得的一生。

你可能会有疑问，出生巨贾之家，天生才华横溢，绣口一吐便是半个盛唐，为人飘逸浪漫，豪迈豁达，这种人怎么会求而不得呢？其实李白一辈子的梦想不是什么诗仙、剑仙、酒仙，而是在朝廷中谋一个官职。他最想成为的是贤明宰相，每日辅佐君王、仗剑走天涯是他的人生抱负。表面看起来，他写的很多诗句都透露着对酒肉官场的鄙夷，比如那句经典的“安能摧眉折腰事权贵，使我不得开心颜”，而他的这种鄙夷，正是他在刻意炫耀，他刻意炫耀的正是他求而不得的坎坷仕途：

20岁拜谒益州督抚苏挺，被婉拒；

25岁拜谒渔州刺史李邕，李邕拒而不见；

29岁写下史上最强求职信《上安州裴长史书》。不惜把裴宽比作周公，以换取对方的赏识，不料因为巴结过度，反而被人告了一状；

两次放下脸面入赘相门，想要利用岳父的官场人脉结交达官显贵，为自己踏入官场铺好道路。可依旧徒劳无功，所以李白才会愤然写下“大道如青天，我独不得出”。

人在职场，请收起你的傲气

为什么李白混不好职场？因为李白是个非常狂傲的人，对于文人墨客而言，狂傲是他的特色和标签，但到了职场上，狂傲就成了非常致命的缺点。在职场中，最重要的一条经验就是维护好职场关系。职场关系主要分为两点，即你与上司的关系和你与同事的关系，这两点都很重要。李白让杨国忠研墨，让高力士给他脱靴，仗着自己的才华这样羞辱同僚，肯定引得杨国忠、高力士等人对李白不满，他们有机会就在唐玄宗面前说李白的坏话。首先，如果你在职场上非常的狂傲，那么和同事的关系自然就很紧张，大家都会有意无意在上司面前嚼舌根，你失去了所有人的支持，往上爬的可能性就很低了。其次，职场中还有一个非常关键的点，就是看清个人定位和企业的需求。皇帝唐玄宗录用李白时，给他的定位是文学侍从，希望李白能为他歌功颂德。而李白给自己的定位是庙堂重臣，认为自己应当是宰相级别的官员，当自身的定位和企业的需求有很大差距时，就会导致双方都不满意。

李白的狂傲性格，导致他在职场上难以维护好与上司和同事的关系，导致失去支持并受到排挤。同时，他对自己的定位与企业对他的需求存在巨大差距，又使得他在职场中难以获得成功。因此在职场中，我们必须放下自身的傲气，维护好职场关系，并明确自己的定位以满足企业的需求，才能取得更好的职业发展。

越是有能力的人，越要保持低调，不能一味做自己。明白自己和上司的身份之差，只有让上司满意你的为人，你才能够在职场中一帆风顺。

向上营销篇

什么是真正的*竞争优势*

第三章

做 事

给老板一种“他做事，我放心”的美好体验

商务宴请，餐厅该如何选择

● 地方选不对，努力都白费。

宴请来宾的主要目的在于沟通和交流，“好吃”是锦上添花的项目，不是核心原则。商务宴请，要怎么选地方呢？以下五个选择，帮你轻松选对餐厅，有效宴请。

第一个原则，请客人先选。礼貌询问，先邀请客人选地方，或者根据客人的民族习惯、忌口、偏好等给客人选项。一般情况下，客人会把选择权交给东道主，但如果是有民族、宗教习惯的宾客选择餐厅、点菜都要慎重。

第二个原则，档次随人随事迁，要合适匹配。商务宴请一定要注重餐厅的档次和环境。根据人数决定包间大小，不能太挤也不能太空，服务要细致到位。答谢宴，根据事情的轻重，如果是在工作中帮了大忙，答谢宴得上档次，向商务宴请的标准靠拢；如果只是生活中一些举手之劳的小忙，则可以选择特色的、时兴的餐厅，吃顿“便饭”，以免兴师动众，给帮忙的朋友太大压力。如果是求人办事，一定要选有包间的，环境雅致，私密性好。请客吃饭，档次不能太低，但也不能选择过于奢华的餐厅，要把握好度。

第三个原则，口味特色，“见人下菜碟”。如果是宴请贵客，要尊重其饮食习惯，投其所好。对于饮食不挑剔，接受度高的外地客户可以选择本地的地方特色。对于有地域偏好的贵客，可以为他挑选地道的家乡

菜，拉近他乡与故乡的距离。比如招待东北的贵客，可以选广受好评的地道东北风味餐厅。如果是宴请有饮食讲究的贵宾，可以选择厨艺精湛品位独特的私房菜餐厅。

第四个原则，交通要便利，餐厅要好找。有时候宴请嘉宾，为了追求环境独特或创意选择了一些位置比较偏远的特色餐厅，虽然档次环境都好，但可能给宾客带来不便。我有一次参加一个饭局就遇到这样的情况：东道主选择了一个环境幽雅，气质独特的餐厅，虽然似世外桃源，菜品也雅致，但是餐厅的位置太偏，费了好一番工夫才找到，给客人造成了麻烦。

第五个原则，时间原则。宴请来宾首先要尊重客人的时间，先询问客人什么时间方便。如果是商务宴请最好是工作日的晚餐，如果是非商务非正式的宴请，如答谢、交流等最好选择在休息日，大家不必记挂着工作，用餐交流会更轻松。

请客吃饭有门道，人少更合适

● 为什么饭吃了，事却没办成？怎么有效组局。

求人办事的饭局，一定不要同时请一群人吃饭，这样毫无意义！请客吃饭组局组的是人际关系，是交流机会。人太多反而不方便交流。

那么到底要怎么组局，才能让饭局氛围轻松，来宾吃得舒心，自己的事还能办成呢？请记住下面五个请客不要人太多的原因。

请客吃饭一定要聚焦目标

请客吃饭是一种有目的的交往方式，无论是增进友谊、建立业务联系还是表达感谢。当面对一大群人时，这种目的会被分散变得模糊，使

得整个活动失去焦点。因此，建议在请客时尽量聚焦于一个明确的目标，确定饭局明确的主题。

交心需要一对一

深化关系，深度交流人多难度大。请少数人吃饭可以促进深度的交流，但当面对一群人时机会将大大减少，我们的注意力会被分散，很难做到与每个人都有深入的交流。因此，交心交流，得一对一。

尽可能不要把不熟悉的人组进一个局

把不熟悉的人聚在一起可能会得罪他们。不熟悉的人聚集在一起时，很容易出现尴尬不自在的局面。如果你邀请的重点公关对象，和另外几个公关对象甚至陪客都不熟悉，那么公关很难达成，甚至还有可能因怠慢重点公关对象，导致公关任务失败。

少而精，才听得到精准信息

请一群人，人多口杂，你听不到重要的信息。请一群人吃饭，你邀请的对象即便是有些内部消息想要透露，有些重要事情想要商量，也会碍于人多口杂，有顾虑，避而不谈。导致一场饭局下来，一点有效信息都没有得到。

控制成本，人少好办事

请客吃饭，既要投入时间成本、精力成本还要投入物质成本。当面对一群人时，这些成本可能会成倍增加，钱花了，精力花了，事却办不了。想要真正办成事，重要来宾一人，陪客二人足矣。

组局请客，谨记宁缺毋滥！

点菜也讲究情商

● 会点菜，能点好菜的人，层次一定不低。

点菜这件小事蕴藏大学问，为什么有些人每次点菜总能让人大快朵颐，让来宾记住这个人、记得这几道菜，而有些人点的菜则总是让人提不起胃口？点菜这件小事，反映了一个人的层次和修养。一个会点菜、能点好菜的人，往往都具备高情商和出色的人际交往能力。在职场和生活中，都能游刃有余，轻松获得成功。

那么在重要的宴请场合，老板发话："小张，你看着办吧！"这时候你该怎么办呢？记住三个原则，分三步走，另外提四点注意，与君共勉。

记住三个原则

第一，了解忌口原则。熟悉的老板和同事的忌口和偏好要在日常积累（此条在其他篇目中也强调过）。不常接触的老板和来宾可以在宴席开始前通过沟通闲聊了解。

第二，菜品黄金比例原则。菜品总数最小值=用餐人数+2，用餐人数较多时可以适当再增加。荤素比例一般情况是6：4，凉菜的数量大约是人数的1/2，热菜的数量与人数相当。

第三，特别来宾特殊照顾原则。如有宗教信仰的来宾、老人和小孩，都需要特殊照顾，单独询问，特殊安排。特别是有宗教禁忌的来宾，甚至对用餐的餐厅都需要慎重考虑。

三步走策略

第一步，把菜单摆在老板面前，请老板点菜，邀请主宾看菜单（出于礼貌来宾一般不会做主点菜）。第二步，报菜名。餐厅特色菜要报菜名，征求老板和来宾意见，这一步也可以请餐厅工作人员配合，介绍特色菜、推荐受欢迎菜品。大菜重点征求意见，小菜由服务员推荐或自己决定。第三步，点好的菜单要请老板过目，以示尊重。

四点注意

第一，商务宴请不要点骨头多、刺多、带壳等吃起来仪态不好、不方便的菜品。如果有类似的特色菜，邀请服务人员帮忙分切，做好分餐。

第二，商务宴请询问忌口或偏好时，切忌问“老板，王总，爱吃什么”，商务宴请本意在沟通与交流并不在吃，这样询问不礼貌。

第三，要给来宾配上矿泉水。给来宾点饮料注意应季与健康，冬季选择热饮，夏季选择消暑清凉的饮品。

第四，重要宴请慎点特价菜。

商务宴请除了主角，还应该请谁

● 请好作陪，事情成功一半。

宴请贵客，好酒好菜好环境是硬件，作陪是精髓。好的作陪能调节气氛、促进交流，让东道主有面，客人尽兴且自在。而不合适的作陪会让饭局尴尬又冷清，耽误要事。所以饭局宴请，成也作陪，败也作陪。选好作陪是成局关键。

选主陪的一个前提，三个原则

主陪是整场的灵魂人物，宴请贵客，东道主必须邀请能与自己默契配合的主陪，达到“1+1≥2”的效果。**一个前提**，东道主先跟主陪聊清楚组局的目的、主宾对象，明确告知是邀请作陪。**三个原则**，第一，主陪的身份要与主宾相当，不得高于主宾，避免喧宾夺主。第二，主陪要与东道主和主宾都比较熟悉，撑得起场。第三，主陪必须口才好，不能让餐桌冷场。

主陪锦上添花的三个条件

主陪要处事周到，擅长交际，会察言观色。在宴席中，主陪要懂得围绕主宾引起话题，能与主宾推杯换盏，有效拉近主宾与东道主之间的关系，即要会接话，巧接话，不冷场。

主陪要具备责任感和分寸感。一个称职的主陪，要把东道主宴请的目的放在心上，站在东道主的立场上思考，尽力把客人陪好。与此同时，主陪还要懂得分寸，把握“穿针引线”的度，切忌抢了主宾和东道主的风头。

主宾要会来事儿，能跟东道主打好配合，协助东道主把话说到位，把气氛烘托到位。宴席开始前茶水招待，主动聊天，做好暖场。如果是求主宾办事的局要给东道主创造机会，如果是公关局，要注意防范搅局之人，要帮东道主把控场面。

副陪选好两大原则

副陪主要是为了配合主陪，把宾客陪好。一来帮助主陪查缺补漏，照顾其他宾客；二来在主陪出现力不从心时，副陪要从旁做好辅助。来宾比较多时，可邀请2到3人作副陪，来宾较少时1到2人作副陪即可。副陪选择注意以下原则：一不可选“埋头干饭”者，二不请非常不善交际者。

时刻谨记，只有主宾，不成宴席，作陪是饭局的软实力，作陪请得好，事情就成功一半了。

你应该掌握的餐桌礼仪

● 服务搞得好，领导能力差不了。

饭局不仅仅是为了吃饭，更是一个交流、沟通与建立关系的场合。在饭局上，会说话，交流上就占了优势，但是饭局上更能够赢得老板和来宾好感的是周到的服务。饭局上的服务工作得眼观六路耳听八方，服务工作搞得好，组织协调能力一定强，这样的员工，领导能力差不了。

那么怎样搞好服务呢，咱们一一拆解，助力你搞好服务工作，在职场上更上一层楼。

前期准备工作做到位

第一，充分了解参与人员。在饭局开始前，就要摸清楚参与者的背景信息和喜好，以便提供更贴心的服务。

第二，关注场地布置，确保餐厅环境优雅、安静，桌椅舒适，餐具干净整洁。一定要提前到会场看情况，及时调整。

服务进行时确保头脑清醒

第一，热情寒暄，活跃氛围。主动与每位客人打招呼，让他们感受到欢迎和尊重。饭局开席前要主动与来宾交流，做好暖场，让氛围活起来。

第二，眼观八方照顾周到。注意观察客人的需求，如需换饮料、整

理餐具或添菜等，确保每位客人满意。留意客人的饮食习惯，及时为他们斟茶。当茶杯空了或客人示意时，主动询问是否需要续茶。

第三，及时沟通，查缺补漏。如果发现有菜肴不够热或有问题，应立即与厨房沟通，尽快为客人更换。如果客人等待时间过长，可以适时催促上菜。若发现客人食物不足或吃得差不多时，可以询问是否需要加菜。

第四，贴心送客，确保安全。在饭局即将结束时，询问客人是否需要代叫出租车或安排车辆送他们回家。确保老板和同事们安全到家。

服务要周到，后期反馈不能少

收集反馈：在饭局结束后，主动向客人收集反馈意见，了解哪些地方做得好，哪些地方需要改进。注意你是带着任务去的，因此饭局的情况和信息汇总要及时跟老板汇报。在饭局中跟客人提到过的重要事项，也要有回应。

持续改进：根据客人的反馈不断调整和完善自己的服务方式。持续维护与客人的关系，用周到的服务把他们转化成自己的资源。

出色的饭局服务不仅仅是对礼仪的掌握，更是对细节的关注和人际交往能力的体现。通过上述攻略，希望能帮助你在饭局上提供更周到的服务，让参与者感受到你的诚意和专业素养。

说完过程，再来说下敬茶这件事，聚会上第一杯茶一定不能乱敬，饭局是特殊的工作场合，你需要通晓人情世故。

熟悉餐桌礼仪五大规矩

第一，东道主敬第一杯茶，宾客要注意听祝福语，饭局的主题是什么，目的是什么，主宾是谁，陪客是谁，要先搞清楚局势。如果东道主是你的老板，还要清楚自己的任务。

第二，敬茶讲顺序，老板敬完你再敬，不能抢了老板的风头。先敬级别最高的老板，再顺时针打圈。如果你是东道主一方，可以先敬来宾再敬同僚。

第三，碰杯时杯子要低于你敬茶的对象，敬高位的来宾注意双手捧杯。

第四，老板打圈敬茶时要关注，做好准备，要有迎接的动作。

第五，老板带你去敬茶，要和老板保持高度一致，老板举杯喝的时候同步举杯。

了解套路，不同场合不同对象不同祝福语

第一，对外场合，敬宴请来宾：祝福公式=表达机会难得，不胜荣幸。

第二，对外场合，敬公关对象：祝福公式=自我介绍+夸赞。

第三，对内，敬直属上司：祝福公式=表达感谢与栽培。

第四，对内，企业庆功场合，对项目负责主管：祝福公式=项目取得的成果+对主管表示祝贺+表达参与的荣幸和收获。

第五，对内，团建等场合敬大老板：祝福公式=表达感谢+对企业的祝愿。如果你是新人，大老板不认识你，还要加上自我介绍。

一些“江湖”秘辛

敬老板说“我干了，您随意”可能勉强及格，更高级的表达是：“今天有机会跟您相聚是缘分也是我的荣幸，我有这个荣幸敬您一杯，我一

定得干了。”

如果敬茶被大老板或重要的宾客拒绝了，不要沉默退缩，沉默会让大家尴尬。表达自己的运气好，有幸参与，诚心诚意想给来宾斟满这杯茶，希望来宾尽兴。

节奏可以放慢，不要赶场，多观察，老板正在给宾客敬茶或与邻座交流时，不要打扰，另外找时机。

聚会转场该不该参加

● 聚会转场再重要也没身体重要，需根据自身状态谨慎决定。

在企业内工作，常常会有各种饭局和聚会。有时候，仅仅是简单地吃一顿饭；有时候，时间尚早，则还有各种转场。

那聚会转场到底该不该参加呢？

看自身状态

如果在聚会时，你身体已经出现了不适反应，那就尽量不要参加转场了。毕竟转场再重要也没有自己的身体重要。一旦在转场后身体出现不良反应，很容易就会说一些错误的话，做错误的事，这样反而得不偿失。

看聚会对象

如果聚会是一些很重要的对象，首先要弄清楚对方的意愿。如果对方也认为只是吃饭没有尽兴的话，那就尽可能把握好时间去转场。唱唱歌或者喝喝饮料之类的，都尽可能满足对方的意愿；如果对方不喜欢转场，过多的劝说反而令人徒增厌恶。

值得注意的是，在确定要参加转场后，务必要一直把控好自己的状态。保持头脑清醒，话说出口前要三思。毕竟不犯错才能增进自己与上司、同事的感情。

看聚会氛围

饭桌上人多，事也多，存在很多不可控因素。如果聚会全程气氛都很好，大家也都没尽兴，那在吃完饭后转场去唱歌什么的都是不错且能拉近感情的方法。把握好机会，表现得让老板满意，说不定就能得到老板的重视和提拔。

如果聚会氛围不太好，我们也可以适当从中调和，挽救一下尴尬的场面。但若聚会氛围已经糟糕到了极点，我们就要考虑一下自己有没有救场的能力了，如果没有，就千万不要硬出头。对于氛围糟糕的聚会，后面的转场能否继续进行下去，如果真的进行下去了，我们也要先想想转场后可能会发生的事情，提前假设最坏的结果总是没有错的。

如果你意识到转场后可能发生更多不愉快的事情，不妨找个借口提前抽身，避免不愉快的事情发生在自己身上。

看聚会性质

聚会分为很多种。有庆祝事业的，有增进感情的，有拉拢业务的，有积极的，当然也有负面的。也许你见到许多人以身试法并不以为然，但夜路走多了终归是不安全的，也是不道德的。对于那些不正经的聚会，要学会分辨，要尽可能远离，千万不要以身试法。

不要一开口，就让人觉得你还嫩着

● 快速融入职场，做一个头脑清醒的人。

“我想……”“我是……”想一想，自己平时说话时，也习惯这样与人沟通吗？

习惯用“我”这个字眼，说明你还没有完全融入企业中、工作中，还偏好从自己的视角看问题。比如“我想和你沟通一下这个事情”。“我解决不了这个问题”，等等，大概率会让人觉得你还不甚成熟，看问题的角度也不全面。

试试把以“我”这个字眼为中心的句子换个说法吧——“这个事情有些问题需要我们沟通一下”。“这个问题在……方面比较复杂，需要一些……上的帮助”。这样是不是就好多了！既表达了自己的诉求，又清晰说出了事情的关键。别人与你沟通下来也会觉得你是一个头脑清晰，成熟稳重的人。

不卑不亢，简洁有力，主人公意识很重要

当老板把一件事情交给你之后，你就成了这个项目的负责人，那么你的办事风格又是怎样的呢？找人沟通时，还在用“在吗？”“忙吗？”这样的开头吗？

当老板把一件事情交给你之后，必须第一时间在心里确立自己的主人公意识。安排工作时，千万不要表现出求人办事的态度，否则别人会

觉得你好拿捏，也就不把你布置的任务放在心上了。切记不管是安排工作还是日常沟通问题、推进项目时，都直接明了地说出自己的要求，这样才能在别人心中留下一个工作严谨、成熟稳重的形象。

自信很重要

遇到不会的工作时，不要诚惶诚恐，直接开口说“我不会”。向老板表示这个工作对自己来说有一定的难度，但是自己会和同事学习经验、寻求帮助，通过各种途径提升自己的能力，相信不会辜负老板的期望。

当工作犯错后，也不要担惊受怕，一味道歉。老板需要的不是一个只会说“对不起”的下属，老板需要的是一个有能力，能够解决问题的下属。这种时候，道歉后第一时间不是自责，而是向老板说明这个事情的问题出在哪里，以及自己有什么解决方案。如此，老板纵使有再多不满，也消散了大半。

负面情绪就留在下班后发泄吧

工作太忙太烦恼，身心疲惫情绪低，有时候这些坏情绪一不留意就表现出来了。可能是随口的一句抱怨，也可能是不经意间的一个白眼。但就是这些小细节，一旦被人听到看到，就会大大降低别人对你的好感、信任感。所以如果工作遇到不顺心的事情，暂且忍耐，把负面情绪留在下班后发泄吧。

临时开会发言的技巧

● 开会时不仅要敢讲，还要讲好。

开会的时候老板让你讲两句，你要怎样才能做到敢讲并且讲好？给你一个万能的公式“学习式发言+幸福式感言+谦虚式表态”。

好的开场，事半功倍

开会时，老板让你站起来发言几句。你要知道沉默的力量是巨大的，你“啪”地往那一站将会把所有与会者的思绪从各种手机、笔记本中拉出来，大家的注意力将会集中到你脸上，三到五秒钟即可。这时候就可以开始你的发言了，首先你要好好听一下老板之前讲的那些……然后将其归纳总结起来，之后说：“老板刚刚讲的那些点让我深受启发，特别是……直接解决之前一直困惑我的那些问题。我感觉老板就像我们老师一样，我能从您身上学到特别多的东西。”你这样说老板就会特别舒服，并且也说明了你有在认真听老板的发言。当然你也可以提炼出自己的观点，并用清晰的思路阐述你的观点的可行性。

幸福式的感言，拉近同事间的距离

自谦的人往往会更受人喜爱，所以幸福式的感谢是必不可少的。你可以说：“我很幸运能在这个团队中工作，其实我现在能取得这样的成绩，真的要感谢老板的正确引导，以及给我们搭建这样一个创新的平台，

同时也要感谢一直支持、包容我的同事们，能与大家一起团结共进，我真的特别幸福，特别有收获。我从大家身上学到了很多，这是我人生中宝贵的财富。”这样得体的发言，会让老板知道你是一个懂得感恩的人，也会让同事觉得你跟他们共事幸福指数很高，他们会觉得自己被重视。

谦虚式的表态

一份完美的发言，当然少不了谦虚式的表态了。一份谦虚的发言，会给大家留下不错的印象，你可以这样说：“我工作上还有许多不足，特别感谢老板和同事们对我的包容和支持。接下来我一定继续努力，不断积累经验、不断优化迭代自己，不负老板的重托，也不负团队的信任。相信在老板的正确引导下，我们之后一定可以再创辉煌。”

这一套发言下来，有理有面，不仅方方面面都照顾到了，而且还得体大方。

需要冲锋的时候，不要怯懦

● 想老板所想，急老板所急，做到这些，你离出人头地的日子就不远了。

把自己想象成老板，具备老板一样的心态，你就能够成为老板认可的人、信赖的人、可做大事的人。

道理很简单：如果你是老板，也会希望下属能够和自己一样，设身处地地为企业考虑，积极主动地将企业的事情当作自己的事业来做。做事情想在老板前，不要等到老板去安排，你才去做，快一步，不要让老板督促着你去做，一定要自己主动去做。

举个例子，入职一年的李佳，就被提为部门主管，他是怎样做到的呢？

当主管思考如何缩减成本时，他就会把下游对接企业尽量了解个透彻，并在合适的时机适当地向老板提出一些自己对于控制组织运营成本的看法，而且说得有理有据，思路和结论样样精辟。

当人事思考岗位培训的问题时，他向一些认识的培训师寻求经验，根据部门或者企业的实际情况，从各个角度为老板提供方案和思路。

当经理考虑如何提升工作效率的时候，他就开始研究组织的详细运作流程，在老板询问时，立马拿出一套可行的、能鼓舞士气的改进方案。

老板都喜欢能够为自己分忧的人，站在老板的立场上想问题，你就知道哪些事情是该做的。而这些快一步的行为已经让老板认识到：你能够在这个岗位上做得很好。

大部分卓越的晋升者都是这样做起来的，他们使老板轻松化，逐渐对其产生依赖。什么时候老板非他不可了，他的向上营销也就彻底成功了。不过还有一些人，他们做起事来尽职尽责，但仅限于本职工作，不知道为老板考虑，就像企业里的老单，已经做了7年的组长，每项工作都完成得很好，但他的做法就像拨珠子，老板说到哪点他就只做哪点，都不想往前多走一步，所以每次离晋升总是差那么一点点。老单这类人，他们的工作态度尚可，但方法着实不太聪明，所以晋升总也轮不到他。

换句话说，企业里的“怀才不遇”其实大多都是因为不愿多走一步，所以在愤愤不平之前想一想：这些年我对公司作出了什么贡献？公司的未来将朝着哪个方向发展，我能在这里面起到什么作用？然后把自己想象成老板，向前走，成为老板成功的一部分。

发祝福信息有哪些讲究

● 发祝福信息，如何做到既真诚又不让人反感？

很多人给老板发新年祝福时，都是在除夕或者初一复制一段信息就发给老板。这样的祝福方式，只会让老板觉得你在敷衍了事。其实祝福是成本最低的情感联络方式，也是最不能忽视的向上社交方式之一。越是细节越能打动人心，越是真诚越能抓住人心。

祝福短信该什么时候发?

当你还在纠结发不发的时候，殊不知，别人的祝福早就发给了老板。如果是逢年过节，最好选在上午8点后12点前，这样，既不耽误老板的休息、吃饭时间，又较早地表达了自己的心意。如果是老板升职、结婚、生日这类喜庆事，也不要忘记发送自己的祝福哦。

切忌千篇一律，真诚才是必杀技

“尊敬的×总，给您拜年了！祝您在新的一年阖家幸福，团团圆圆，平安喜乐，万事如意!”

相信你一定收到过这样的祝福语，或许还发出过这样的祝福语。不管是你在各种搜索引擎苦苦寻找的，还是你绞尽脑汁想出的，回过头看看，是不是透着满满的“复制粘贴”感、“群发”感还有敷衍感呢？究其原因，还是不够细节，不够贴心，大都是一些通用而不实际的漂亮话。

给老板发祝福语的时候，切忌千篇一律，内容真的很重要。称呼老板时，记得带上老板的姓氏，让老板知道这是你专门给他量身定制的一条祝福，而非群发。接下来可以讲述一些平时工作中老板对你的帮助，即使只是一些小的帮助，也一定要表达自己的感激之心，让老板知道你是一个知恩图报的人。然后向老板表态，表示自己一定不辜负老板的期望。最后祝福的时候，则可以根据老板的实际情况来进行祝福。例如老板身体不好，可以祝老板身体健康；了解老板家庭情况的，可以根据老板的家人分情况祝福，像祝老板的父母长命百岁，小孩成龙成凤之类。

祝福语风格因人而异

上了年纪的主管大多喜欢花好月圆，年轻活泼的上司更加喜欢新事物，女组长偏爱文艺，职位高的主任比较严谨……

面对不同的人，祝福语也可以千变万化。或恭敬，或温馨，或夸大其词，或诗情画意……说不定不经意中的某个点就戳中了某个大佬的内心。

怎样汇报工作，不会让人反感

● 汇报工作是一门艺术，过则让人厌恶，弱则让人忽视。只有掌握了其中的平衡之道才能达到理想的效果。

汇报工作是晋升的重要途径之一，好的汇报工作方式可以让自己平步青云，但是不合适不恰当的汇报工作方式则会让老板对自己徒增厌恶。因此，注意汇报工作的时机、话术、方式方法显得尤为重要。

汇报工作的时机和话术很重要

老板每天接触很多人，什么人干了什么事，老板可能根本不知道，这种情况下，怎样才能让老板知道自己的付出呢？

主动在老板面前露脸，借工作汇报的机会是一个稳妥的选择。但是千万不要开门见山地和老板交流，应当循序渐进地和老板沟通。首先向老板讲述自己承担的工作，要仔细描述工作的开始、结束、完成度，等等；接下来可以穿插一些工作途中遇到的困难，以及自己是如何解决这些困难的，并列出成绩、数据，让老板知道你做了多少事，出了多少成绩；最后可以做一个小总结，进行一个表态。这样下来，老板大概率已经记住了你的付出，展现自我在不知不觉中就完美达成了。

工作常汇报，老板更重视

我们常说，在工作中应当丢掉学生思维，这是很有必要的。举个例

子，在学生时代，我们往往将作业做完才上交老师查看。然而在工作中，一味地埋头苦干不仅容易使工作偏离正确轨道，更会丢失很多让老板记住自己、重视自己的机会。

每一次工作汇报就相当于一次表现的机会。因此，汇报得多，老板对自己的印象当然也就更深刻；与此同时，成绩越好，老板对自己的欣赏和重视也就同步提升。因此，在负责一个项目的工作时，千万不要等所有事情做完了再向老板汇报。在工作进行的时候，抓住机会、节点，每个星期最少找到老板汇报一次工作，长久下来，老板在不知不觉中就对你充满了好感和重视。

保持谦虚，不吃独食

汇报工作为的是让老板记住自己，对自己有一个良好的印象。但是汇报工作不是自卖自夸，在汇报工作的时候一定要注意以事实为依据，不要夸大事实，对自己过分的夸赞是一种拙劣的演技，很容易被老板一眼识破。

汇报工作是一门艺术，一旦表现出急功近利的表现，再大的功劳在老板心中都会大打折扣。因此，在汇报工作时，时刻保持谦虚，不说空话，而是用细节、用数据来佐证自己的功劳。讲述成绩的时候还可以带上自己的同事，感谢同事、老板对自己的支持和帮助。这样，既讲述了自己的功劳，还能给老板留下一个好的印象，何乐而不为呢？

遇见老板该怎么打招呼

● 遇见老板时怎样打招呼，才不会冷场尴尬。

任何时候偶遇老板，你都千万别假装没看到，甚至故意回避。万一被老板发现，只会给老板留下你特别没礼貌的印象。但很多人碰到老板、同事时，不知道该聊些什么，经常会造成冷场的尴尬局面。那么，和老板、同事见面寒暄，究竟该说些什么呢?

寒暄的重要性

寒暄，或者说闲聊，是很多人容易忽视却又非常重要的技能。在企业或是其他地方，当你碰到老板、同事时，寒暄不仅能缓解尴尬，还能拉近彼此的距离。不仅如此，好的寒暄还可能打开对方的话匣子，让对方对你敞开心扉，从而借着这次机会与对方建立更加亲密的关系。

寒暄的方式

寒暄不是瞎聊天，当你不知道如何与人寒暄时，不妨试试下面这些方法。

夸他在意的：遇到女同事，就夸她今天比昨天更漂亮；遇到时尚的同事，就夸他衣品好；遇到带孩子的同事，就夸他小孩聪明乖巧……没有人听到夸自己是不开心的。

借之前的交集展开话题：回忆你和老板、同事产生过什么交集，是

否有适合用来引起寒暄的话题，如此，既能使寒暄开始得不突兀，又让对方知道你对他是关心的。

关注变化：平时关注老板、同事的状况，如此，当你遇到某个人时，想想他与之前有什么不同，或是他最近在企业里发生了哪些值得提的事。围绕这些变化展开话题，总是能让对方开心，也更容易打开对方的话匣子。

寒暄礼仪：性格内向的人社交时容易唯唯诺诺，而性格过于热情的人则容易令人感到不适。因此，在寒暄时把握合适的分寸，交谈时，保持不近不远的距离，说话看着对方的眼睛，再热情也不要直接与对方有肢体接触，等等。

寒暄的禁忌

距离产生美，寒暄千万不要触及对方的私人领域，比如问候对方的经济情况和健康情况等，这是十分不礼貌的行为。寒暄时，要注意时间，如果对方已经表现出不想继续聊的想法，而你还在滔滔不绝地讲，这显然违反了寒暄的初衷，适得其反了。

学会提条件，才是成熟稳重

● 在企业里工作总会遇到很多挑战和困难，想要向上发展和进步，就得学会谈条件。

与上级主管沟通，本质是双方的利益交换。如果你想让上司答应你的条件，就得让他觉得你的条件对他是有利的。那怎么提条件呢？把握以下这三点。

进行思维转换

每次你提条件，都是在让自己成长。很多人因为脸皮薄，不敢直接向上级主管提条件，总觉得会麻烦他，还担心自己被拒绝。但实际上，大胆提出合理的条件，即使失败了也不会损失什么，但成功了就能得到你想要的东西。比如说，你想去参加一个培训或者出差，就可以向上级提出你的想法和计划。上级不会觉得你是在无理取闹，反而很高兴你能主动提升自己，因为以后你可能会为企业创造价值。所以，不要害怕提条件，心里打鼓的时候，正是锻炼自己的好机会。

做好充分准备

想要提条件，就必须明确自己想要什么？为什么想要？怎样才能实现？所以，在提条件之前，要做好充足的准备，收集支撑自己想法的相关资料和数据，考虑可能遇到的反对和困难，以及应对的策略和方法。

这样跟上级主管面对面沟通时，才有底气，不慌张，及时应对。例如，你是企业笔杆子，但一直想转到业务岗位提高自己的能力。那你平时就要花时间深入了解和研究业务岗位需要什么，即使你本职工作加班到凌晨三点，也要抓紧时间学习，然后找到合适的时机提条件。机会是留给有准备的人的，上级主管看到你这么用心，明白了你的决心，自然会给你转岗的机会。

给上级主管选择权

懂得主动找上级主管要利益，才是对他/她最大的尊重。上级主管最大的权力是分配利益，你不争取利益，就等于忽视了他的权力。所以上级最怕下属无欲无求。此外，只有你提条件，上级才会跟你提要求，你才能满足他的想法。上级处在优势地位，无论什么买卖都不会吃亏，所以别担心上级会因此讨厌你。你主动提条件，上级会很舒服，说不定还有机会做你的贵人，何乐而不为？所以千万不要犹豫，赶快去找你的上级吧。

闷头做事也要让人记住

● 职场上只会闷头做事的人真的走不远，多汇报老板才能看见你。

很多人在企业，只懂得闷头做事，觉得只要肯努力，是金子就一定会发光。想让老板知道你做的事，知道你的能耐，记住这四个小妙招。

容易的事情，汇报要快

老板交代的事情，要事事有回应。比如老板让你做个表格、送个材料，虽然这些事情看起来简单，但千万别觉得简单就不跟老板汇报。老板最喜欢件件有着落，事事有回应的下属。如果你把这些小事办妥当，还能主动给他答复，老板不仅会觉得你认真负责，执行力强，还会觉得你很靠谱。

复杂的事情，汇报要勤

在遇到又难又费时的工作，一定要记得经常向老板汇报。企业小王负责的工作涉及多个环节，需要各部门协作。他花了一周时间不断沟通，最后顺利完成了任务，老板却说："这么点小事居然用了一周时间，工作效率太低！"所以，就算你私下做了再多工作，如果不主动汇报，老板也不知道实际情况。等任务都完成了，你再跟老板讲过程，他们已经有了先入为主的想法，就不想听你详细汇报，最后只有你折了夫人又赔兵。

因此，遇到复杂的工作，千万记得勤汇报，时刻让老板知道你的辛苦。

有难度的事情，汇报要带着解决方案

工作中，总会遇到一些棘手的问题，需要老板提供帮助。这时候怎么办？告诉你一个小窍门：拿着一到两种解决方案去找老板，让他来做选择题。这样一是能让老板知道你正在积极解决问题，而不是随意提要求。二是让老板参与决策，如果之后工作出现问题，他也不会太责怪你，毕竟是你们一起做的决定，责任也要一起承担。

老板不擅长的事情，着重汇报

每个人都有擅长和不擅长的东西，老板也一样。所以，我们可以巧妙地多向老板汇报他不擅长的工作，让他觉得我们跟他正好互补。比如，有的老板公文写作厉害，但对于文件制作和数据处理不太在行。这时候，刚好有同事精通这两项工作，并且他每次汇报都会重点强调这两部分。这样一来，老板就特别看重他，觉得他的工作很有价值。

守住底线，进退有据

● 真正的高手，平时不显摆自己的聪明，而是低调、谦逊、不张扬。

在职场上有一个特点，就是同事总喜欢和比自己弱的人说真话。如果你看起来人畜无害，就很容易和同事打成一片。所以平常要把自己伪装起来，让自己看上去不笨，但也不是很聪明。适当的时候展露下自己的能力。

不争口舌之快

常言道："祸从口出。"有时图一时痛快，说话不经大脑，不顾及别人的感受，结果给自己埋下了隐患。有些人无法忍受同事吹嘘自己，就会说"得了吧，别吹了，牛都要上天了"，让同事尴尬得下不来台。说这话的人可能觉得只是开玩笑，但同事却会记在心里，等到关键时刻给你使个绊子。因为一时的痛快，多年的努力就白费了。所以，有些刻薄真的毫无必要，所有口舌之快最后都要用真金白银来买单，得不偿失。真正成大事的人，要懂得冷静观察，多听少说，稳住心态。

懂得以退为进

以退为进不是怯懦地退缩，而是一种聪明的策略。这是以灵活的姿态主动让步，以便在之后的交流中争取更大的优势。表面看似妥协，但实际上是在巧妙的博弈中，拿到了更好的结果。例如，当你和同事意见不合，双方坚持己见导致僵局。此时你以退为进，先表现出愿意让步，去倾听对方的观点。然后一边交流，一边找合适的解决方案。这样不仅可以化解紧张气氛，还能随时调整策略，达成对自己更有利的结果。

做事不张扬

成大事者藏于心、行于事、不谋于众。看不惯别人比自己过得好，是人性的弱点。你学不会闭嘴，总想炫耀，那就等着别人给你添堵。比如，你工作踏实，认真经营社交圈，终于等到提拔的机会，但你控制不住自己的喜悦与同事分享，结果同事嫉妒你，背后举报你工作不到位，名不副实，升职机会就这样飞了。所以，切记做事前不张扬，成事后不炫耀。

守住底线原则

别人不碰触底线，不斤斤计较；但一旦触及底线，就直接采取行动。成年人遇事直接解决问题，不浪费精力在无谓的争吵上。有些同事喜欢占小便宜，如果不太频繁，稍微吃亏也就罢了。但他们要是越过底线，无理取闹，恶意陷害，背后捅刀，那就别客气，一击即中，让他们不敢再狂妄。

工作中怎么熬过低谷期

● 人生每一次巨大的跳跃，都是以痛苦作为跳板的。

工作难免会进入低谷期，让我们感到失落无助，陷入精神内耗。有些人万念俱灰，干脆破罐子破摔，最后庸庸碌碌，泯然众人。还有人不甘示弱，一刻不停地寻求东山再起的机会。作为普通人，该如何积蓄力量，找到触底反弹的时机呢？

偶尔放松，自我调节

不要因为太在乎工作，而让自己陷入疲惫。有的人责任心过强，一遇到工作没进展或被骂，就容易质疑自己，失去努力的方向，进而走进人生的低谷。但要记住我们都是普通人，工作偶尔放一放，并不会造成严重的后果。比如，老板总是给安排活，别默默忍受，大胆拒绝他。企业离了你照样转，拒绝他也不会怎样，是你自己在恐惧未知。就算他因此给你穿小鞋，那也是他的品德问题，而不是你的错。所以，适当停下赶路的脚步，多看看路上的风景。

慎重选择，减少失误

当你处在人生低谷时，最不该做的事就是冲动行事。因为这时候你很浮躁，心里充满了迷茫和不甘。心态不稳，就很难做出明智的决策，最后导致不好的结果。例如，你最近工作加班很辛苦，情绪很糟糕，这时老板给了你一个外出学习的机会，但你因心情不好，直接拒绝了，不仅让老板尴尬，自己也错过了一个很好的发展机会。这样的决定真的对吗？静能生慧，处在人生低谷时，要学会平静面对现实，三思而后行。

放松心情，转移注意力

偶尔放松没关系，但不能一直不作为，否则就会失去对生活的掌控。我们要找些事情做，既能放松心情，又能转移注意力。比如说，可以培养阅读和写作的习惯，我们不一定非要从中学到什么，就单纯地看看作者笔下的故事，或者记录自己的生活点滴。这种微小的改变一时看不出效果，但时间久了，你的心态会变得更加稳定。等走出低谷后，你学的技能还可以派上用场。这样，你不仅成功度过了低谷期，还给自己留下了很多选择的机会。

积极面对生活

你在低谷期，排斥任何事情，看所有东西都不顺眼，不停给自己传播负能量。如果你一直这样，就永远走不出来。要学会换个角度看问题，不要把事情和失败联系起来，给自己正向的反馈，积极面对生活。时间一长，你会发现，机会自己找上门了。

拒绝精神内耗，是职场最好的解药

● 如果你不修炼心态，别人说两句就影响你吃饭睡觉，一点抗压能力都没有，那你的人生就只能被别人掌控，过于敏感是弱者的表现。

打工人过分看重工作，在意老板和同事的看法，一遇到难题就害怕。这只会让职场焦虑越来越严重。如果不赶紧调整心态，就会陷入无尽的烦恼。所以，我们要学会处理情绪。只要掌握以下四点，就能减轻情绪负担。

老板的评价，别太在意

别太在乎老板的想法，他们就喜欢给员工布置任务，施加压力。在企业里，认真干活的人往往任务最多。所以切记，老板的期望很高，他们表扬你或批评你，都是为了让你全身心地投入工作中。对于老板的评价，听听就行了，别太放在心上，我们的价值不是他们一句话就能决定的。

同事的话，别往心里去

真正的高手，懂得提高自己的“钝感力”。同事在背后说三道四时，不要躲在一旁偷偷难过，而是直接走出去，把闲言碎语当作耳边风。只要你不觉得尴尬，尴尬的就是同事。要知道，每个人都有自己的价值观，没有绝对的对错之分。他们的恶言是暴露了他们自己品行有问题，而不是你做错了什么。所以，千万别让同事的眼光和嘴巴左右你的情绪。

过剩的责任心，记得要收起

工作不是卖命，适可而止。在企业里，要清楚自己的职责，别啥活都接。该你干的就好好干，不该管的就让它去。有些人责任心太强，总觉得请假一天，延误团队工作，结果就是让自己过度劳累。现实其实很残酷，企业缺了谁都能正常运转。因此，收起所谓的“责任感”和“价值感”，从内耗中解脱出来。

情绪上头，抓紧脱离

工作的时候要心无旁骛。我们已经花了大量时间在工作上，就不要再因无关紧要的人或事消耗自己。假设发现关系好的同事在老板面前给你使绊子，不要纠结原因。这只会让你陷进低落情绪，影响工作，进而被老板批评。我们能做的只有看清现实，明白同事关系并不一定可信，明白只要事关利益，什么都可能发生。只有清醒地认识这一点，才能学会快速摆脱坏情绪。

工作中的痛苦，大部分来源于性格

● 工作痛苦的原因有很多，但最重要的就是性格。

工作中的痛苦大多都来源于性格。责任心太强，自卑敏感，特别是讨好型人格，都会让你陷入自我内耗当中。没有一份工作是不难受的，遇到背锅、指责、穿小鞋，就当是在修心。千万不要拧巴，否则你会过得又苦又累。想要摆脱工作的痛苦，请做到这四点。

工作受委屈，要不要辩解

工作难免会遇到委屈，小委屈别放心上，大委屈若是触碰到底线，不遗余力解释。大多数老板只看结果，如果你真的做错了，不要辩解，不然只会让老板觉得你在推卸责任。当然，如果涉及原则问题，一定要及时和老板沟通，别一个人默默承受。告诉你一个技巧：和老板解释选合适的时机。这意思是我们可以解释，但别在老板说话的时候打断他，等他情绪平复，我们再补充自己的观点。

打工而已，千万不要太较真

责任心过强的人往往很较真，觉得只要与工作相关的事情就要负责到底，连请假都觉得羞耻，所以终日忙碌。但想要工作不痛苦，就不能把工作看太重。有些人追求极致，一出错就愧疚万分，揽更多的活，最后越干越多，越干越受批评。而老板不会因为任劳任怨就提拔员工，所以要学会只做分内之事。

调整好心态

职场上，心态不好，就容易把评价自己的主动权交给老板和同事，可他们才不会考虑你的感受。但是，如果你心态好，不在乎同事暗地里捅刀子，老板公开批评，他们反过来会疑惑你为什么不生气。所以，保持豁达的心态，在职场勇往直前吧。

永远别向别人证明自己

工作最傻的事情，就是向别人证明自己。自证是没有尽头的，总有人质疑，难道我们要一直解释吗？别老想着证明自己多厉害，只有不自信的人才会这么做。一旦陷入自证的陷阱，就容易过分关注自己的短板，进而在不擅长的领域拼命努力。但说实话，只在短板上努力，顶多只能达到一般水平。所以，我们要把精力集中在自己的长处上，并发挥到极致，这样才能在升职时具备竞争力。

没有伯乐，自己造势

● 无势之时，借势造势；无能之时，躬身入局。

不是所有金子都有机会发光。如果你一直把自己当作千里马，等着伯乐发现，很容易会陷入困境。想要抓住机会和贵人，就要懂得为自己造势，抬高自己的身价。

自我造势

认清自己的才华，打造卖点。一个人不能空有才华和能力，还要学会把优势打造成个人独特“品牌”。小刘刻苦提升写材料能力，成了企业的金牌“笔杆子”，后来被上级主管发现，直接调去专门负责写材料，实现了晋升。这就是塑造出众形象的优势，让伯乐发现你，给你发展的机会。

自抬身价

适度自抬身价，让别人肯定你的价值。有时候，人有一种奇怪的心理，低位定自己的身价，别人只会看不起你，而把身价提高，别人就会重视你。例如，在企业中，同样名牌大学毕业的两个员工，一个什么工作都干，另一个挑三拣四，只做自己想做的，最后挑三拣四的人被提拔了。因为他主动选择了更难的工作，且完美解决了问题，提高了自我价值。而看似来者不拒的同事，没出实绩。如果你是老板，你会提拔谁呢？

所以别光埋头干活，要有想法，有“架子”。

做靠谱的人

老板交代的事，一定要做到有始有终，不能因为事情小就不汇报，也不能做着做着就没了下文，这会让老板觉得你不堪托付。比如说，老板让你把一份文件交给宣传部门主管，主管不在，你就让别人转交，之后也没再跟进确认。老板以为你把文件送到了，但主管反馈说没有收到，原来是他的同事太忙忘记给了。想想看，这种做事不牢靠的人，老板会信任吗？所以，要做靠谱的人，让老板看到你的能力。

做“有声音的人”

俗话说：“是金子总会发光。”但得有人看见才行，否则你永远是一块砖头。当你完成了一件很棘手的任务，第一时间向老板汇报，让他知道你处理问题和创新的能力。在企业里只会老实打工不够，还得让老板看到你的价值，不然你顶多就是一个会干活的人，不会被人注意到。想想看，企业那么多事情，老板那么忙，怎么可能发现那个默默无闻的你呢？

能成大事的大多是不怕出丑的人

● 不害怕出丑，才能成大事。你这也不好意思，那也不好意思，那你怎么好意思成功呢?

一个人想要强大，对不起，你有时候得出丑。做人脸皮就要厚，不要不好意思。面子没你想象的那么值钱。没成功时，面子分文不值；成功后，面子自然就有了。告诉你四个要点，让你不再害怕丢脸。

害怕出丑，能量不足

要想成功，就得脸皮厚。在你没成功之前，肯定会遇到很多挫折和嘲笑。如果你总是担心丢脸，怕别人瞧不起，那只会让你无法坚持，还会阻碍你成长。人都爱面子，怕出丑很正常，但过分在意别人的目光，老想着保持形象，反而会使你耗尽精力。上班时怕公开发言，怕向老板汇报工作，怕承担工作的责任，这些恐惧让你失去了勇气，让你不敢前进。结果你只能一直在企业打杂，永远没出人头地的机会。

不怕出丑，精神抖擞

真正的高手大多不讲究面子。那些敢于表现自己、不怕被人笑话的人往往精神抖擞。在企业中，他们勇于承担责任，表达想法，施展才华。虽然他们可能会经历很多尴尬和失败，但这些经历都会让他们变得更强大。他们迈出了成长的第一步，一定会以更自信的姿态迈向未来的成功。

出丑与出众之间的关系

想要在竞争激烈的社会中脱颖而出，出丑是难免的。但是，出丑并不意味着失败。相反，当你不再害怕丢脸，说明你已经开始成熟了。经过出丑的历练，有助于找到自己真正的定位，展现出与众不同的魅力。在企业里，你主动挑战更困难的工作，肯定会因为不熟练而出现问题，但只要我们坚持完成任务，就能从中收获满满，成为同一批员工中的佼佼者。

出丑越多，成长越快

人生最丢脸的时刻是你想做一件事，却发现自己的财力、能力和人际关系都不够。因此，多出丑并不是件坏事，明白事理，进而实现更快的成长。每一次出丑都是我们绝佳的学习机会。试想一下，如果我们总是害怕丢人，不敢冒险，那我们一定会一事无成。正因为我们在工作中会犯错、会失败、会丢人，我们才能从中不断吸取教训，迅速进步。尴尬的次数越多，我们成长的速度就越快，离强大也就越近。

活得漂亮，也要“耐脏”

● 对“人际洁净”过分渴求，生活圈子只会越来越小。

职场中，“耐脏”特别重要。合理的妥协与让步不是放弃原则，而是让你的工作和生活更加顺畅。想要活得漂亮，就要学会“耐脏”。

经得起诋毁

被别人抹黑、栽赃，你该怎么办？放平心态，你就理解成“吃亏是福”。一个有能力的人，一定会被别人嫉妒和抹黑。而高层次人物的做法是，既然辩解是没有用的，不妨在吃亏的时候就先默默忍受，寻找合适的机会来澄清，真相一定有大白的一天，而那些跟风批判你的人最终会发现，原来一直都误会你了。

保持内心的积极

不论我们身处哪种环境，一旦让消极被动成为习惯，就容易目光狭隘，失去进取心和创造力，甚至忘记曾经的激情和规划，最终一事无成。环境的好坏，不在于环境本身，而在于我们怎么看。保持内心的积极，不迷失自己，再“坏”的环境也是好环境；无论顺风还是逆风，都不能成为消极的借口。我们的心理环境、感情环境、精神环境，掌握在我们自己手中。例如，在严格的上司手下工作，有些人觉得上司作风太严厉，不自在，但另一些人却抓准了上司严谨的特点，在工作中不断尝试，得到领导的指点，最后成了企业的核心骨干。

不怯懦不畏惧

保持积极的心态，迎难而上，你会遇见不一样的人生。困境是磨炼我们的，不是让我们置身其中消极内耗的。你勇敢面对它，就会收获宝贵的经验；你怯懦畏惧它，就会陷入被动。比如，上司给你分配了一个艰巨任务，虽然你之前没接触过，但你不怕麻烦，主动学习，还不断请教老同事，积极寻找解决的办法，最后顺利完成，上司也会对你刮目相看。人生本就不是坦途，如果连一时的困境都害怕，如何走完这漫长的一生？

学会低头与隐忍

当你的实力支撑不起你的野心时，隐忍才是最好的做法。比如某个同事总在工作上针对你。你可以选择主动示弱，单独请他吃顿饭，聊一聊这些年在外面打拼的艰辛，自己的家庭条件有多困难，所以希望对方能在工作中拉自己一把。这样一套组合拳下来，也许这位针对你的同事就会成为你的战友。

真正做事的人也会被批评

● 没事的人总是不做事，做事的人总有做不完的事。没事的滋事闹事，使做事的人不得不做更多的事。最后好事变坏事，小事变大事。

老板大多精明。他们清楚谁能批评，谁要谨慎批评。这不只是简单的情绪发泄，还有更深的考量。

做得多，错得多

做得越多，错得越多。一个人能力再强，也免不了会有犯错的时候。做得越多，出错的概率就越大。人的本性是别人的好记不住，别人的坏一眼就能看到。老板也是如此，不要以为做的事多就能得到老板的喜欢。相反，老板会想，我给你发工资，不管你做多少活，都是理所应当的。或许你确实比其他同事做得好，做得多，但这并不在老板的考虑范围内。所以，工作上的事情，完成就好，不要太纠结。

敲山震虎

老板管得太严，员工会辞职，管得太松，蹬鼻子上脸。所以，老板喜欢敲山震虎。比如，老板在会上宣布迟到要罚款，新同事平时从不迟到，但是第二天很倒霉，上班碰到堵车，刚好被老板抓住，当众批评了他，还说要扣除全勤奖，也没给他解释的机会。下班时，老板把他叫到办公室，了解了迟到的原因，然后说第一次迟到就算了，刚毕业的学生也不容易，这次就不罚款了，下次注意就行。老板这就是在敲山震虎，通过批评新同事，引起老员工的重视，让他们遵守规定。

不要错过被栽培的机会

● 员工被表扬不代表会升职，被批评也不代表被老板放弃。听话要听音，看人要看心。

每个人都想成为老板赏识的员工，得到老板的青睐，有机会得到提拔任用。可是有些人老板明明有意栽培，自己却没有意识到，导致最终错过了机会。所以，理解老板的言外之意很重要。想要知道老板有没有意向培养你，看他做的这五件事就够了。

当众询问你意见

老板在公开场合询问意见，其实不是单纯想知道解决办法，而是觉得你靠谱，想培养你，给你展示自己的机会。你回答得好，他会很欣慰；回答得不尽如人意，他会亲自教你，给你指明方向，让你多思考。在企业，很多时候没人会真心实意地把方法分享给别人，更不愿意手把手带人。所以，遇到这样的老板就好好珍惜。

给你去见识的机会

一个人的眼界决定看事情的高度。老板要是有心栽培，就会给你更多的机会。比如，带你参加重要的会议，让你外出学习经验。遇到这样的老板，要懂得感恩，努力学习，尽全力开阔自己的视野。

给你争取更多的资源

老板想重点培养你，就会给你创造更多学习的机会，为你争取更多的资源，让你的能力在企业发挥更大的价值。所以，如果你发现老板给你安排了重要的、困难的任务，千万不要退缩，主动承担；老板带你见识世界，也要表现得落落大方。好好利用他给你提供的资源，不要辜负他的期待。

安排易出成绩的工作

给你安排做亮点工作，让你容易出成绩，就是老板栽培、考察你最直接的方式。他期望你在工作中脱颖而出。所以，不要浮躁，认真、踏实地完成老板交代的任务，努力做出好成绩。当然，不要因为害怕出错而压力山大。要知道，老板既然想培养你，就会帮你解释问题并分担责任。

私底下和你交心

老板不会随便请人吃饭，在竞争激烈的职场中，能让老板特意拉近你们的关系，一定是他看到了你的能力，认可你，愿意提拔你。想想看，业绩不佳，不受老板喜欢的人，他会和你有私交吗？所以，要记住，和老板无论是茶余饭后的聊天，还是工作中的大事，都要认真对待，积极回应，最关键的是千万要保密。

你的职场优势，你自己知道吗

● 每个人都有自己的职场优势，发现自己的优势，做自己擅长的事。

你是否遇到过这样的情况，明明工作很努力，结果却总是差强人意，这就是努力没用在正确的方向上，或者说你干的事不是你擅长的，你再努力也不会有多大的结果。想要在激烈的竞争中脱颖而出，你必须知道自己的优势。

有底气做强的事情

当你觉得自己有能力把一件事情做得出色，那这件事就是你的优势。尽管有时候我们实力不够强大，但只要对某一类事情充满兴趣，并且深信自己能把它做好，那就是我们内卷的方向。比如在企业里，大多数人都不喜欢整理数据这类工作，但你对数字很感兴趣，觉得自己能迅速上手完成，那么信息统计和分析就成了你的竞争力。随着时间的推移，你经常接手这类工作，老板就会对你强大的数据分析能力印象深刻。

忍不住想做的事情

有些事情你不用逼自己，自然而然就想去做。比如，有的同事就是忍不住要分享自己的想法，表现欲就是她的优点；有的同事喜欢到处交朋友，社交就是他的优点；还有的人看到什么都想拍下来，摄影就是他的优点。那些你发自内心喜欢，而且愿意投入精力的，就是你的核心竞争力。

废寝忘食想做的事情

让你牺牲休息时间去做的事情。大部分人都喜欢有规律的生活，因为这样对身体健康更有利。但总有一些事情，让你宁愿熬夜也想完成。比如，企业写材料的同事一直很喜欢业务岗位的工作，所以一有时间就磨炼业务技能，甚至有时加班很晚了，还是会继续学习，最后他顺利转岗到业务部门。那些让我们充满热情、想夜以继日完成的事情，就是我们独特的闪光点。

获得满足感的事情

当你完成一项工作或事情，内心感到特别满足，甚至还想再试试，那就是你可以挖掘的特长。例如，企业很多同事最头疼写材料，因为要花大量时间和精力去查资料，最后可能还通不过。但是，你就喜欢写作，每次都认真收集信息，即使被打回也不厌其烦地修改，最后成了企业的金牌笔杆子。这些能让你获得满足和成就感的事情，就是你天生比别人擅长的事情。

得过且过才是最辛苦的人生

● 很多人总是间歇性踌躇满志。只享受眼前的愉悦，却没有意识到这是在透支未来的幸福。

在职场中“躺平”会更爽吗？不，他只会让你更辛苦！

首先，“躺平”最先伤害的是你与老板之间的关系，老板有意栽培你，让你成为公司的骨干，而你却突然学着公司里的老油条开始敷衍工作，想象一下老板会对你多失望，脾气差的老板甚至会当众对你破口大骂，你的心里真能承受吗？

其次，很多企业一个小组就3~5个人，虽然你“躺平”了，但应该做的工作并不会消失，而是压在其他同事身上，久而久之，你不仅会被同事唾弃，更会被整个企业边缘化。

最后，有些人以为“躺平”带来的最坏结果，就是得不到晋升，而对于现状自己又很满意，大不了换一个部门继续躺，但往往这种人都会成为老板的背锅侠，因为你在众多同事的眼中已经毫无价值，而在老板的眼

中，你就是一块烫手山芋，拿你背锅再合适不过，最终你可能会被扫地出门。如果你正在“躺平”，下定决心想要改变现状，你又要从何做起呢？

改变自己的观念

你得过且过的每一天，都是在浪费时间。你觉得自己的时间不宝贵，老板怎么会看重你？有些人表面上看起来兢兢业业，从不迟到早退，但升职加薪永远轮不到他，反而被比自己晚入职的年轻人抢了先。他们嘴上总说“没有功劳也有苦劳”，实际上就是在混日子，只积累了工龄，却没有一技之长。所以，想被老板看重，就要摆脱消极心态，提高个人能力，否则只能在同一岗位上蹉跎一年又一年。

不要选择安逸

成功的路并不拥挤，因为大多数人选择了安逸。时间是世界上最公平的东西，你选择打发它，它就会反过来打发你。那些你本可以变得更优秀的每一天，一旦浪费了就不会重来。很多年轻人进入职场，被老板和同事批评几句，就觉得人间不值得，摆烂摸鱼，选择“躺平”。这其实是对自己最大的不负责任，这个瞬息万变的时代，不会等任何人闲庭信步。

为自己工作，持续创造价值

现实很骨感，只要你价值不够高，就会被毫不留情地淘汰。而你在混日子中浪费的时间，就慢慢变成困住你的深渊。让你眼睁睁地看着别人飞速前进，却无能为力。

人生最大的苦，不是加班的苦，而是面对生活的无力和绝望。所以，要为了自己而活。当你真正开始为自己努力时，所有困难都会给你让路。你之前加过的班、做过的项目、学到的本事，都会变成你的底气。

需谨慎对待突然的人事调动

● 企业突然进来的新人，要么有特别的故事，要么有过人的长处，要么有不为人知的关系，劝你别轻易招惹他们。

在企业内，人员调动不是简单的任务分配，背后往往藏着各种复杂的原因。遇到突然被调进来的人，别觉得奇怪，理解并接受就行。那么对于这类人，该如何与之相处呢？

开口前先观察

企业突然进行人事调动，自有其深意，所以，说话前先看看情况，暗中观察新同事的做事风格和能力，尽量了解得全面一点，然后找准说话、做人和办事的定位，别不小心得罪人。

别因嘴快得罪人

俗话说："祸从口出。"很多时候，得罪别人或者被别人利用，往往都是因为说话没经过大脑。他们觉得说两句话没关系，殊不知已经为自己埋下了祸根。比如，同事对新人也很好奇，拉你讨论："新来的同事要么有背景，要么得罪人了，不然怎么会来我们企业。"这时候你不要在背后讲是非，别跟着掺和。要是人家是因事调来的，会记恨你；要是真的有关系，说不定还会连累你。别因为一时的好奇和嘴快，给自己找麻烦。

做人要有界限感

做人要有界限感，不要打听同事的隐私。虽然大家都很好奇真相，但真相不一定能带来好运。新同事来了，如果你不知轻重地去打听人家的事情，一旦被发现，就会给人留下爱探听消息、爱传闲话的坏印象。这不仅会让新同事觉得不舒服，还会让上级主管对你有看法。所以，该说的就说，不该说的就烂在肚子里。

把握相处的尺度

摸不清新人的底细，就不要贸然亲近或疏远。新人突然调进来，你过分亲近可能会引起闲言碎语，但你如果疏远他们，又会让他们觉得你自视清高或者看不起人。怎么做都不对，还不如默默无闻，保持好距离。

熬不住时，请看看刘邦当时有多艰难

● 有人少年得志，有人大器晚成，人生无处不春风，只需静待花开。

生活中十之八九不尽如人意，当你熬不住时，请看看刘邦。38岁的他，无所事事，靠坑蒙拐骗娶了老婆；48岁的他，被逼无奈，起兵反抗；50岁的他，因为害怕，对着项羽跪地求饶；54岁的他，建汉朝，君临天下，打遍曾经看不起他的人。

出身是起点，才华是终点

这个世界总有人含着金汤匙出生的，人无法选择自己的出身，但想要成为什么样的人，取得什么样的成就，是可以靠自己去争取的。出身好的人，走的都是坦途，出身平庸的人，爬的都是峭壁。再过十年回头看，走平路和爬悬崖的人，高度怎么可能一模一样呢？

困难也是一种优势

刘邦是草根乞丐出身的牛人之一。乞丐的身份在他的身上不算劣势，反倒是他的优势。常年在市井中摸爬滚打，他早就明白了该如何面对形形色色的人，懂得人情冷暖。看似白手起家困难重重，但如果没有十几年的市井经验，他能够一步步君临天下吗？困难有时候换个方向看，何尝不是得天独厚的优势呢？

与其在苦难中沉沦，不如在寒风中昂首阔步

刘邦最落魄的时候，只有身边的十几名兄弟舍命跟随。自身能力差，就跟着文臣武将学。知道自己的实力不够，就一再隐忍，避其锋芒。在用人之术上，比起项羽的刚愎自用，刘邦更是主打一个听劝。最终刘邦抓住机会，逼得一代霸王自刎于乌江，一举拿下天下。所以遇到困难，不能只关注它带给你的痛苦，要善于抓住苦难背后的机遇。

在企业里，如何排解自己的苦闷是一件尤为重要的事情。每每处在困境，停下来、静下来想一想。可能，那个令你愤怒难忍的事情，在这一瞬间也会变得无足轻重了，就像刘邦一样，历尽艰难困苦，却愈挫愈勇，用自己的一生完美地阐述了什么叫作百折不挠，大器晚成，从他的故事里，希望你能找到向阳而生的力量。

年少只知项羽勇，能力是成功的一部分

● 西楚霸王项羽凭能力和背景成枭雄，却没能抓住机遇。

据史书记载，项羽身材高大，力大无穷，擅长驰骋战场。从最初的响应陈胜、吴广起义，到巨鹿之战，破釜沉舟大破秦军，再坑杀秦卒二十万，进军关中，可见项羽能力超群，勇猛善战。然而项羽之所以能成事，靠的可不仅仅是骁勇善战。

站稳职场靠能力

项羽在混乱的时局中能够博得一席之地，他不仅勇猛无畏，还是个深思熟虑的人。24岁的项羽刚进入军队就做了项梁起义军的副将，经过两年的艰苦磨炼，项梁牺牲后，他在前线军营里发动了一次兵变，从此掌握了数万大军的指挥权。26岁的项羽以主将的身份指挥了影响天下局势的巨鹿之战，并且在第二年成为威震天下的西楚霸王。青春年华时，项羽已经"醒掌天下权，醉卧美人膝"了，简直是人生赢家。

风生水起靠背景

企业里总有一些八面玲珑的人，特别是在老板面前，总能侃侃而谈，博得老板的赏识，你按照同样的做法去尝试，却达不到预期的效果，结

果一打听，原来他的家人和老板本来就相熟。项羽能当上威震天下的西楚霸王，除了能力突出之外，还因为他的爷爷是楚国的大将军，亲叔叔是反秦起义军的带头大哥，所以项羽很快就崭露头角了。

走向成功靠机遇

在企业里，你既有背景，能力也不错，已经很难得了。如果你还想继续朝上走，要学会抓住机遇。项羽已经占了能力和背景，但是没能抓住一个机遇。他在鸿门宴上没能除掉刘邦，才有了楚汉之争，项羽的军队被三面夹击被迫退回垓下，一夜四面楚歌士气崩溃。项羽一路向南突围，无颜面对江东父老，于是和仅剩的二十六骑毙杀汉军五百余人后，挥剑自刎。职场中也不乏如项羽一般的人，却没抓住机遇，反而逆势而为，最终草草收场，一蹶不振。

年少勇猛无比的项羽，是推翻了秦帝国的首功之人，那时他才起兵三年。他在巨鹿之战、彭城之战中尽显军事指挥才能，在兵力悬殊时却以少胜多。这样的英豪，没能抓住机遇，结局令人惋惜。正在企业中奋斗的你，不但要学会锻炼能力，还要建立人脉，更要抓住机遇，才能实现理想和抱负。

刘备的奋斗，是职场人学习的楷模

● 职场追梦人敢想敢干，不成功便成仁。

刘备不仅命运坎坷，他的人生道路也是非常的曲折，从卖草鞋到四处奔走，奋斗多年，却连个根据点都没有，也没有自己的队伍，但经过自己的努力，最终还是创业成功。如果你在职场中感到迷茫，不妨想想刘备。

“卖草鞋”也要有梦想

刘备虽有皇室宗亲之名，其实过得并不好，甚至要靠卖草鞋维持生计。但他有非常崇高的愿景，以匡扶汉室为己任。卖的是草鞋，却心怀天下，不忘国家大事，最后靠自己的努力一步步走到高处。在企业中打拼亦是如此，没有人一开始就是在高位当领导的。可能你现在的级别还很低，但是千万不要气馁，“卖草鞋”也要有梦想！

优秀的管理者要会打“感情牌”

刘备光有匡扶汉室的梦想是不够的，他在创业路上遇到了足智多谋的诸葛亮和勇猛无敌的关羽、张飞。一直以来，刘备作为领导，给予了下属充分的尊重，才使得大家齐心协力一起奋斗。

勇于尝试与能屈能伸

古人活到60岁已是高寿了，刘备46岁前依然颠沛流离，功业未成，此前他卖过草鞋、当过跟班、任过小官、经历暗杀、妻子被俘，辗转多个公司却未遇到赏识他的老板，直到46岁遇到了诸葛亮。刘备联合孙权大败曹操，占领荆州五郡，当了益州牧，还当了汉中王，从一个织席贩履之徒变成占据天下半壁的铁腕人物，完成了太多人想都不敢想的事情。

学会自我营销

刘备在他的整个事业生涯中，做过最正确的事，就是搞到了刘皇叔这一个身份。在那个历史大环境下，你没钱没粮食，大伙凭什么跟着你干呢？但又恰恰是在那个讲求权力来源正当性的社会环境下，刘备树立起这样的名头，无疑是掏出了一块能将众人团结到一起的金字招牌。

私交是私交，工作是工作

● 在职场里面要看得清大小，才能站得稳位置。

在企业，一定要找准自己的位置。哪怕跟老板关系再好，私交再深也要摆正自己的位置，不能说的话千万别开口。

别太有主人翁意识，老板才是工作上的“牵头人”

第一，不可以说“我代表我们老板来参加这次活动……”，跟老板再熟，关系再好，也不能代表老板。

第二，不能跟老板说“辛苦你了”，要说只能说：“您辛苦了！在您的团队我觉得非常踏实有干劲……”

第三，老板说“你自己安排吧”，不能真的就自己安排了，也不给老板交代和回复。

要有分寸感，保留边界感

没大没小的话不可以说，跟老板再熟也不能在公开场合与老板称兄道弟，叫不得体的“昵称”。忌八卦更忌“越级八卦”，同事与同事之间的八卦不能在老板面前说，即便和老板关系再好，管理层之间的矛盾也不能参与讨论。绝对不可以在老板面前吐槽自己团队的成员，批评或抱怨。比起一个“爱抱怨的老熟人”，老板更需要一个稳定、和谐，能出业绩的团队。

不能太把自己当回事儿

不能在老板面前强调自己的资源、家庭背景和关系。无论是工厂还是企业对录用的人员都要经过非常严谨的考察，所以情况大家都心知肚明。过分强调自己的关系就暗示了老板想利用自己的资源，有攀附之嫌，这会让老板很忌讳。对于老板提出的意见即便觉得不合理也不能当面反驳。可以不接受，但先听，再回复。

少说话，多倾听

老板也是普通人，也会有情绪和烦恼，和老板关系好难免有时候老板会有些烦恼或比较私人的事找你聊一聊，做好倾听者，只听话，不传话，到此为止。更不要因为和老板关系好，就代入自己的烦恼和负面情绪，开起"吐槽大会"。

即便私交再好，在职场的环境下，也有上下、主次之分，职场人必须要清楚自己在生态环境中的位置，学会职场人情世故，才能在这个环境中成长。

注意沟通技巧，建立良好关系

● 说话说三分，谨言慎行。

遇见喜怒无常的上司，该如何相处？是忍气吞声，还是奋起反抗？想反抗又有可能被刁难，找不到好的办法跟上司的主管搞好关系，这时，你可以做好以下几点。

说话只说三分

跟这样的上司说话，在他面前记住说话只说三分，不要透露你内心真实的想法，即使他旁敲侧击地诱导你，也别说。因为这种人最大的问题就是当你信任他，把心里的话告诉他以后，他可能转身就把你卖掉。

做事留心，工作留痕

事事留痕，无论大小，事事报备，做好文字或是语音的备份，包括邮件、聊天记录等，把工作做到位。此外，时刻提醒自己，与上司保持适当的距离。

理性看待“心机”

不要情绪化地对待喜怒无常的上司，以免影响自己的判断。摸清楚他背后的动机和意图，才可以有效应对。存在利益冲突的事上多留心，可以回避一些不必要的冲突，有时候可以吃眼前亏，但是不能吃哑巴亏。

建立良好的沟通关系

越是喜怒无常的上司，我们越是要尽量与他们保持积极的互动，主动与他们交流和合作。通过积极参与团队工作，把自己的能力和价值在整个工作环境中“亮”出来，做好自己的口碑。也需要争取上司的认可和支持，务必要清楚，他也不是针对个人，上司自己办不到的事情，还是需要下属上阵。同时，也要注意沟通方式和技巧，避免给他们提供攻击或利用的机会。

寻求支持和帮助

应对这样的上司，不要独自应对，争取同事、朋友以及其他上级部门的帮助。

在工作中，我们可能遇到各种各样的上司，不能让职场来适应我们，也不能让上司来适应我们，我们只能在内心祝愿其“早日高升”。调整自己工作的方式方法和心态是最有效的，但请记得，不忘初心，坚持自己的原则。

得不到赏识，你心里要有数

● 得不到老板的赏识，你的努力有可能白搭。

老板最不喜欢什么样的下属？是“躺平”的吗？其实不是，这种人哪里都有，无视他就可以。是喜欢溜须拍马的吗？也不是，这种人有上进心，有抱负。实际上，以下这六类下属才是老板不欣赏的，大家一定注意避雷。

在小利面前斤斤计较

是指什么鸡毛蒜皮的事都要计较，一分钱也不放过。尤其是在一个企业里，总为小事闹个没完，不仅会引起公愤，甚至会墙倒众人推。而真正的高手采取顺其自然的态度，有道是：不争也是争。

老板的话当耳旁风

老板交办任务执行三要素：一要认真领会精神，二要事事有回应，三要件件有着落。有些人连第一层都做不到，对老板的话置若罔闻，时间久了自然只有冷板凳坐。有些下属，精神领会了，事去办了，但办事过程中没回应，不汇报不沟通。从老板角度出发，这还是把老板的话当耳旁风，事情进度不清晰，老板心里不踏实，更不敢重用。

没有忠诚度

无论是在企业还是在公司，忠诚度都是放在第一位。如果你喜欢做墙头草，背后总喜欢耍些小心思，对老板没有表现出真心实意，即使你能力再强，背景再深厚，老板也不会重用你。

大嘴巴和小聪明

嘴巴不严，爱传话，这样的职场里“是非精”，无论是老板还是同事都会对其敬而远之。还有一类下属是爱耍点小心机。要知道，老板在高位，就像上学时老师在讲台上，教室里的人在干什么看得一清二楚，有时候老板只是不揭穿。这样的下属在老板看来没有格局，成事不足，败事有余。

思路不清晰，缺乏执行力

思路不清晰、做事不动脑筋、缺乏执行力的下属会让老板很操心。凡事都要老板催办，汇报工作前言不搭后语，在老板眼里就是一无是处，尽会添乱，唯有束之高阁。

拉帮结伙

首先明确，善于交际、朋友多与拉帮结伙有本质区别。能让团队有凝聚力，拧成一股绳和老板共同努力的下属，那是有向心力。拉帮结伙是态度上和老板对着干，是离心力，这样做很危险。

无论是在老板岗位，还是日常与同事相处，老板不欣赏的这六类人，咱们都要警惕。遇到要回避，想老板之所想，急老板之所急，踏实努力，必会让老板青睐有加。

如何看出直属上司是否有意培养你

● 七处着眼，不稀里糊涂苦干。

会议上直属上司常说，要给年轻人多压担子，才能成长。担子是机会，是成长的阶梯。现实中，职场的年轻人忙得昏天黑地，到底有没有意义？直属上司是在把自己当心腹培养还是当普通员工？教你从这七处着眼，看清自己的处境。

第一，听言语。“这么简单的事都干不好？人家小李和你一起来的，都能独当一面了，还要我手把手教你。”“这不行，你再改下，年轻人多思考，辛苦加个班，明天汇报！”类似这种“拉踩”，对比，或是只说不行，不给具体意见的，考虑找机会换个工作岗位，直属上司只是想让你干活儿。

第二，看位置。看直属上司是不是把你安排在关键的、重要的岗位上。直属上司安排小李成为协调工作的联络员，有机会上传下达，见世面，那必然是在培养小李。

第三，看关注点。汇报工作，如果直属上司只关注工作结果，对于你处理工作的过程、付出毫不关心，那么大概率就是没心思培养你，如果对于你的汇报有反馈、有指导，那么直属上司是把你当心腹来培养，传授工作经验。

第四，看援助。工作上遇到困难了，直属上司愿意培养你自然会提点你，如果不愿意，很可能就敷衍过去“突破瓶颈才能闯出天地嘛，你的机会来了”。

第五，看态度。工作上出错了，直属上司批评是在所难免的，关键在于批评之后，是会协调补救，予以帮助，还是直接就把锅扣上来了。对于要培养的人，直属上司必然是要予以帮助和提点的。

第六，看关心。有意培养你的，直属上司除了关心你的工作情况、个人成长以外，对生活也会有所关注。有机会提高待遇的，会帮忙争取，有晋升机会的，会及时点拨。

第七，看批评和表扬。如果直属上司在公开场合表扬得多，说明直属上司在给你创造机会，做宣传，这是在培养，要是每次都当典型案例批评，做什么都是批评，那就真是不在意了。

除工作场合外，直属上司也是普通人。与你拉拉家常，向你发出“羽毛球局”“篮球局”的邀请，带你走进他的圈子，就真是把你当自己人了。

因此，我们日常得做个有心人，多观察细节，切忌埋头干活，也要抬头看路。

化解职场矛盾的应急手段

● 职场不留隔夜仇。

如果你不慎与直属上司发生了矛盾，那么情况可能会变得非常棘手。从宏观角度看，如果矛盾激化到高层，企业往往会选择“弃车保帅”，因为对于企业来说，直属上司的价值可能更高于你。而在个人层面上，得罪直属上司可能会使你的工作陷入困境，甚至断送你的前程。如果你已经得罪了直属上司，应该如何补救呢？

首先，你需要找到得罪上司的原因。一般来说，原因无非三种：一是工作失误或表现不佳，影响了上司的业绩；二是驳了上司的面子，触怒了上司；三是说话缺乏考虑，踩中了上司的雷点。教你四招，让你化干戈为玉帛。

第一招，找机会当众道歉。得罪了上司之后，你最担心的大概率是上司会给你穿小鞋，背后下黑手。工作是长远的，关系是可以维护的，为了避免矛盾升级，你要主动递出“橄榄枝”。真诚道歉，有事实有依据地分析错误，要让上司感受到你的诚意。如果冲突是发生在公开场合，就要在公开场合道歉，如果是发生在部门内，就在部门内公开道歉。公开处理，既解决了上司的面子问题，也保护了自己：在大家都知道的情况下，即便上司心胸狭窄也会有所顾忌。

第二招，诚意借机改善关系。得罪上司后，不要破罐破摔，而是要积极寻找机会弥补。你可以主动找上司沟通，解释误会，表达诚意。俗话说不打不相识，可能因为一次小矛盾的化解而拉近与上司的距离。

第三招，高调惹的祸，示弱和服从处理。在职场上，切忌太高调、太张扬。如果你因为过于张扬而得罪了上司，那么你需要学会示弱和服从。这并不是说你要放弃自己的原则和立场，而是要尊重职场秩序，尊重上司的权威。你可以向上司表明自己会以此为鉴，以后更加注意自己的言行举止，服从上司的指挥和安排。

第四招，用工作成果回敬。无论你得罪上司的原因是什么，最终都要用工作成果来说话。做出成绩，既是为企业创造价值，也是在为上司创造价值。把自己的注意力转移到工作上来，努力提升自己的能力和业绩，能够为你的职业发展打下坚实的基础，用业绩说话，上司也不会再为难。

如果以上策略都无法挽回，直属上司依然对你一味地打压，那么你就应该强硬起来，保持理智，一边坚持工作，一边为自己寻退路，无论是离职或是找机会调任，你都需要做好充分的准备和规划，确保你的直属上司无法从中阻挠。

总之，不断提升自我价值永远没错，在此前提下，优先考虑维护关系、化解矛盾，毕竟，在职场上没有永远的敌人，只有永远的利益。

掌控关系篇

做事要懂***规矩***，交流要会***沟通***，
为人要知***进退***

第四章

提高

提高情商、展现态度、促成飞跃

什么人晋升最快

● 企业用人，放心第一，听话第二，能力第三。

老板究竟喜欢什么样的下属？首先纠正一个观点，千万别觉得你老实本分地做完交代的工作，一步一个脚印，就会得到老板的青睐。职场不是学校，你的老板也不是你的老师，本质上是同事关系，你们的利益稍有不慎就会相互冲突。因此，老板都喜欢提拔不影响他既得利益，又能够帮助他实现更多利益的人，当你满足这两个大前提，你的提拔才能够顺理成章。

得到老板信任

能力强的人，不一定受重用，让老板放心才是关键。让老板放心的人，一是能做到严守秘密。设想一下，如果老板刚刚交代："小刘，你代我处理一件事情。"随后企业所有人都知道了，这样的员工如何能让老板安心？只有守住秘密，才能得到老板信任。

二是要做老板看得透的人。在企业中，老板是全局掌控者，或许不必对每个下属了如指掌，但至少不应该有下属让他感到难以捉摸。例如，小王在工作中表现出色，却从不麻烦他人，无论对谁都非常客气。老板和同事都无法了解小王除工作之外的真实面貌，难以洞察过分谦逊的小王，无法预测他的反应，从而产生距离感。作为下属，适度展示真实自我，偶尔与老板开一些无伤大雅的玩笑，亲近老板，老板才会逐渐信任我们。

服从老板安排

下级听从上级的决策是企业里的基本规则。一个听话的员工，能够尊重并执行老板的决策，而不是在执行过程中擅自做主或阳奉阴违。老板说今天收材料，你口头上答应却没有按时提交，耽误了工作进度，影响了项目验收。这种行为不利于维护组织的秩序，也不利于团队效率的提高。

此外，听话也意味着员工具有良好的沟通和协调能力，能够与其他部门或团队进行合作。但这并不是说我们要盲目顺从老板的意愿，而是要有独自思考的能力，能够在理解老板的意图的基础上，提出自己的观点和建议。这样，我们不仅能够让老板感到我们的尊重，也能让他们看到我们的价值。

替老板分忧

我当老板这么多年，最喜欢的还是能替我分忧的人，为什么呢？

当下属能站在我的角度，替我思考，帮我排忧解难，说明他的思想和我处于一个维度，出了纰漏能及时补救。你想想，如果下属凡事有回应，事事有着落，难道不讨人喜欢吗？当你真正能了解老板为什么烦恼，并且有能力帮老板一起解决问题时，你就已经被老板纳入了提拔的名单中。

想有所成就，跟对老板很重要

● 跟一位有远见的老板一起工作，很多问题都能迎刃而解。

什么样的老板值得追随？是脾气好，资源多，还是能力强？其实都不是。判断一个老板值不值得追随，关键看他能多大程度上满足你的需求。好比你的需求是学本事，或者是想要更大的上升空间。在满足你自身需求的基本前提下，你再看看以下几点，但凡符合，那么就是一位值得你追随的好老板。

值得学习的老板

在企业中，能否从老板身上学到真东西至关重要。优秀的管理者不只教你专业，还能让你知道如何用恰当的方式传达指令，如何调动团队的积极性，如何分析问题、制订解决方案，如何处理人际关系……值得学习的老板，让我们不断成长，迈向成功。

有担当的老板

敢于面对挑战，勇于承担责任，不为自身失误推诿的老板是闪光的。任务中，因老板的疏忽导致困境，他主动承担，不用你背锅，并提供解决方案。这种有人格魅力的老板，值得我们尊敬与追随。

有远见的老板

俗话说："火车跑得快，全靠车头带。"一位老板是否有远见，关键是在遇到问题时，能不能看得比你更深远，解决问题的时候，他是否具备更好的思维深度和认知的广度，跟这样的老板一起工作，你会发现很多问题都能迎刃而解，不但能从他身上学到很多，也拥有更大的发展空间。

愿意批评你的老板

老板愿意当面、直接讲你存在的问题，以及后面改进和成长的方向，且你听得出不是敷衍，不是发泄情绪。这样至少能证明他对你有要求，希望你能再成长。在企业能遇到一位一针见血指出你问题，还告诉你应该怎么去调整的老板，这真是一件很幸运的事，

树大好乘凉，遇到一位值得学习，且愿意培养你的老板，多学习他的长处，遇到事情多请教，手头的任务不光要做完，更要做得漂亮，以获得老板后续强有力的支持。面对批评，努力改进自己的短板，让老板看到你听得进，改得掉，拉得起。

和雪中送炭的人相处该注意什么

● 低谷时，愿意拉你一把，给你资源的人，无论以后你有多牛，他的话你得听。

如何和雪中送炭的人相处？想到一位朋友和我说过的话："不必感激我，我只是给你指了路，这实在算不上什么恩情。我指路的人多了，听得进去，一步步走过来的只有你一个。我是真心实意想要交你这个朋友，不要崇拜我，不要试图报答我，那样你将永远无法平视我。"所以说牛人身边缺的从来都不是阿谀奉承之人，缺的是把牛人当成正常人的人，既不巴结，也不唯唯诺诺的朋友。当然和这类人相处，除了平等外，还有一些方面需要注意。

资源是用来铺路的，不是用来擦屁股的

人脉不是在低谷时雪中送炭，更多的是在得意时锦上添花。有些人脉只能用一次，如果仅仅用来弥补一时之需，实在可惜。因此，遇到困境有些关系不一定能帮得上忙，等往上冲的时候，再动用资源。

保持着一颗感恩的心

老话说：锦上添花易，雪中送炭难。人生在世，总会遇到处在困境的时候，如果这个时候能有人为你雪中送炭，那他一定是善良而且乐于助人的人，所以获得帮助的我们，一定要把他的帮助牢记于心，并时刻

保持一颗感恩的心。在他日后需要你的帮助的时候，主动伸出你援助之手来回报他当初雪中送炭的恩情，哪怕你的帮助可能只是杯水车薪，但人际交往中有来有往的互相帮助，是最能增进彼此间情谊的方法，毕竟不是谁都会有雪中送炭的勇气的。

做好自己，传递善意

如果暂时以你的能力还不足以帮助到对方，那么向对方表达感谢的最好方式，就是对得起雪中送炭的善意背后的期待。我们要努力成为更好的人，让对方由衷地感到欣慰，至少不会让他觉得他对你的帮助是白费的。在努力的同时，我们可以帮助比我们弱小的人或物，将善意化为力量，用自己的绵薄之力照亮他人，将善意传递下去。

跟对人很重要，如何识别好老板

● 职场上跟对上司很重要。

愿意指点你，但不对你指指点点的上司

一位好的上司，是愿意投入精力指导你，避免你走弯路，助你提升成长速度的人。对你指指点点的上司，只是在满足自己的虚荣心和自尊心。好的上司一定是有教练思维的，他们愿意花时间和精力来帮助员工成长，而不是在员工有工作失误时才出现，一味地对员工进行批评教育。某企业的上司平时只关注安排工作任务，下属做得好是自己指导得好，下属做不好就立刻跳出来说怎么犯这么低级的错误，没有我的领导果然不行，久而久之，下属们就产生了抵触情绪，不愿积极主动地承担工作任务。

助你提升能力，主动为你升职的上司

优秀的上司能为员工创造广阔的发展前景。员工是普通人，不是机器上的“零件”。忽视下属感受和成长的上司，不仅会在企业中丧失威信，还会导致员工消极怠工。相反，关注并助力下属成长的上司，不但能赢得员工的衷心拥护，还能促进部门发展。陈经理是一位惜才、不守旧的部门负责人，始终支持年轻人在工作中创新，鼓励他们尽情展现才华。因此，入职仅半年的小王便成功优化了工作流程，提升了部门工作效率。

给试错机会，不因一次错误否定你的上司

上司勇于给员工，尤其是新员工试错的机会。刚从大学毕业的小庄，工作经验不足，在完成工作时，过分关注细节而导致工作进度过慢。然而，主管业务的刘经理并未对小庄的拖延加以指责，反而先肯定了他对细节的把控，随后引导他区分工作的重要性和紧迫性。在确保按时完成任务的基础上，适当舍弃部分无关紧要的细节。经过指导，小庄改变了“完美”心态，工作效率大幅提升。上司既能给犯错的机会，也具备承担责任的勇气。面对这样的好上司，员工如何能不成长呢？

懂得放权与控制的上司

抓大放小、强化过程控制的上司不固守权责，而是将权力下放，信任下属的能力，同时，避免因过度信任而忽视对员工的指导和帮助。例如，企业的周经理，为人和善，日常办公中赋予下属较大的权力，使他们在规则内尽量不受限制地为职场服务。然而，周经理并未因此放弃监督下属定期汇报和成果验收，这种既放权又保持高标准的要求，使企业中的年轻人迅速成长，处理职场工作的熟练度和速度均有显著提升。善于放权，并能有效控制团队，深谙管理精髓的上司，是值得我们跟随的好上司。

有能力有担当是职场晋升的必备法宝

● 能力才是最好的筹码。

上司难道一进入职场就是上司吗？有次饭局，我的上司饭后和我说，他刚毕业到这家企业时，一没实力，二没背景，没少遭同事欺负，摸爬滚打十几年，才做到现在的位置。而很多人混到退休，都不明白如何才能成为负责人，如果你能早点知道，便可以少走很多弯路。

做立得住的人

老板用不用你，关键看你有没有能力，虽然或许会因为关系照顾你，但都要在不影响做事的基础上。即使每个老板选人用人的标准不一样，但他们无一例外就是要选合适的、能担当工作重任的、能让自己放心的人。对于没背景的人，能力才是最好的筹码。

做主动作为的人

你没背景，是劣势，也是优势。因为你干事不必瞻前顾后，大部分老板都希望手下能出现一批帮自己分忧解难的人。对于没有背景的人来说，你的优势恰恰与老板的难处不谋而合。做到遇事迎难而上，不推脱，不躲闪，接触的任务多了，没有背景也就慢慢变成有背景。而你的成长老板是看在眼里的，这样用你才会更加放心。

付出+服从

唯实：让你的实际付出被上司看见。勤快汇报，复杂的工作分阶段汇报。别一股脑做完了，才兴冲冲地找上司邀功。就算你加班加点埋头苦干，上司还是觉得你效率低下，他没做这个工作，压根也不知道工作难度。只会觉得这么点事要花这么久？甚至觉得你太清闲了。

唯上：服从上级。大多上司比我们经验丰富，上司分配工作我们就好好干，不要老抵触，不然费力不讨好。即使上司有时犯错，我们也不要硬刚，和他争论。上级的错误他们会自己发现，不需要我们大咧咧地指出来。

和上级主管独处时，该聊什么

● 和上级主管单独相处，不是负担，而是机会。

职场中有不少人觉得，比起工作本身的辛苦，和上级主管聊天更痛苦，总感觉和上级主管不在一个频道，甚至还会搞砸一个和上级主管单独相处的机会。然而职场无小事，学会和上级主管说话，把握好聊天的尺度，向上级主管适度展示自己优势，或许能让你更进一步。

聊行程计划

上级主管和下属是工作关系，交流工作最稳妥。与上级主管一起出差，行程安排不仅是下属的职责，也是展示下属能力的重要环节。我们要提前对行程相关的时间、地点、住宿、会议或客户拜访、风土人情、景点美食之类的信息进行充分了解，并向上级主管进行汇报，征求其意见。这样既方便上级主管了解出差行程，又体现了我们周到细致安排的优点。

此外，在出差途中，我们可以趁与上级主管独处的时候，向上级主管请教学习。上级主管经验丰富，见识广，眼光高，技术牛，我们遇到的问题他早面对过了。上级主管的一句点拨，就能让我们避免许多不必要的弯路。然而，需要注意的是，谈论工作不要过于频繁，以免让上级主管感到疲惫。

聊上级主管兴趣

生活中多观察了解，预先积累上级主管感兴趣的话题。上级主管除了管理企业，也是一个普通人，有自己的爱好和习惯。因此，我们在闲暇之余，可以关注上级主管的社交动态，以便在交谈时能够投其所好。如上级主管热衷于篮球、足球、网球等体育赛事，可谈论近期的比赛情况；若上级主管喜爱电视剧，可探讨剧情发展；若上级主管身为母亲，可以交流子女教育方面的经验……这些话题永恒且无绝对对错，不仅避免了独处的尴尬，更能让上级主管感受到我们的关注与重视，从而拉近彼此间的距离。但是，在与上级主管交谈时，需谨记一条原则：遵守上下级的安全边界，避免探听上级主管私人事务。上级是上级，并非无所不谈的密友。

聊共同联系

发掘共同点，增进共鸣。了解上级主管与自己是不是老乡？是不是校友？只要在同一企业或系统工作过，就会有许多共同话题。如果上级主管与你都是某校校友，可以讨论彼此所学专业，聊聊学校近期的变化；如果是老乡，聊聊家乡的发展，好吃的特产；如果是在同一企业，聊聊工作经验。曾经相同的身份有助于增强认同感，加深彼此的认识。

掌握好谈话尺度

说多错多，点到为止。和上级主管交谈时，必须把握尺度，不要因为聊天气氛好，就什么话都说。上级主管摆出感兴趣的样子，很多时候只是向下兼容而已。上级主管感兴趣的话会追问，不感兴趣却不一定表现出来，过度深入可能会画蛇添足。给上级主管留点神秘感，才是真理。就像打牌，大牌会留在最后，而不是一开始就出大牌，自己的底牌都亮了，自然也就陷入了被动。

不要试图改变老板的想法

● 人教人永远教不会，事教人一教就会。

永远不要高估自己在别人心里的位置，想改变别人，那只是痴心妄想。

人们永远只相信自己

但凡是人都有一个毛病，那就是看问题总是喜欢从“我”的角度看。当你说的话正好符合老板的这个角度的时候，老板就会觉得不错，但如果角度和老板的看法正好相反的，老板就会觉得逆耳。普通人尚且不能完全接受别人的意见，何况是老板？

千万不要直接反驳老板

在企业里，也许有时老板做出的决定让你为难，又或许你发自内心感觉这决定很不靠谱。请记住，此时你一定不要直接反驳老板！

在公共场合，直接反驳老板无疑是最愚蠢的行为。要知道，在职场中，老板对下属来说就是权威，直接反驳老板不仅会让老板觉得自己的权威被挑战，而且再能容人的老板被反驳也会觉得没面子。面对反驳，老板只会觉得你这个人狂妄自大，不堪大任。那该怎么办呢？

具体问题具体分析

如果不是很重要的决定，我们完全可以先按照老板的想法去办。如果事情失败，再作一个总结性的分析，分析哪个环节出了问题，并给出建议，但切记，不要把矛头指向老板。

如果这个决定十分重要，没有试错的成本。我们可以假装答应，之后再私下单独找到老板，装作很为难的样子，说："老板，这件事实在是难度太高风险太大，以我的能力很难把它做成功，但是我有一些别的想法，想和您沟通一下，您看行吗？"随后你就可以把这件方案的可行性、风险等和老板具体分析，并且给出自己的解决方案。这时，老板会觉得你这个人成熟稳重，在今后的工作中，也会更加高看你、重用你。

看到这里，你不禁要问：如果老板一意孤行呢？怎么办？

别着急，也别试图反驳老板。先顺着老板的想法来，选择一些不那么重要的点先去实施，但工作中的关键点一定要让老板再三确定。这样，就算工作搞砸了，老板心里有数，也不会怪到你的头上。同样，可以写一份详细汇报，让老板看到事情的解决方案，说不定你在老板心中的位置又重了一分。

患难与共，做雪中送炭的人

● 能锦上添花，也能雪中送炭的人，才是主管心中忠诚可靠的人。

主管得势时讨好逢迎，失利时避之不及，像极了古人口中的“树倒猢狲散”“大难临头各自飞”。让人不禁发出灵魂拷问，主管落魄了，我还有必要不离不弃地追随他吗？我还有必要忠心耿耿吗？主管落魄了，怎么做才是正确的打开方式？

默默陪伴，给予关心

主管久居高位，众星捧月。一旦落难，失落感会更强烈，心态也很难调整。这时候，如果有人不避讳，给他支持和安慰，他会记一辈子的。但是，一定要注意方式，主管也有自尊，太直接他会觉得被冒犯，甚至会觉得受辱。最好是默默陪伴，不经意间给他关心。比如多陪主管聊天，不聊工作，只聊生活琐事；陪他散心，委婉开导他，帮他缓解压力，调整好心情。虽然这段时间我们帮不上什么大忙，但我们的忠诚他会看在眼里，记在心里。

不跟风，不拉踩

当主管落难时，千万别急着认为主管不行了。能当上主管的人，有手段，有能力。一时的低谷不代表什么，谁也不知道他会不会东山再起。

这时候，你若跟风一起踩主管，主管肯定会暗暗记恨你。但是，如果你记着主管曾经对你的帮助，不躲着他，反而表示忠心，主管会感激你的。例如，你和主管说："潜龙在渊，腾必九天。以主管您的能力，迟早会重新回来，我永远支持您，等您回来，我还跟着您干。"试想，等主管重新崛起了，会不重用你吗？

不做表里不一之人

光说不练假把式，立了忠心就要坚持，否则不仅前功尽弃，还会被当作是表里不一的浅薄之人。路遥知马力，日久见人心。私下里，要用行动表示对主管的支持，但切记不要在公共场合表现，不然主管会误以为你在嘲讽他。有能力的话就出谋划策，帮他渡过难关。以后他有机遇，或者你遇到问题，他也会全力帮你。另外，瘦死的骆驼比马大。主管就算落难，他的资源和人脉也比你丰富，影响力也比你大。我们付出不多，但回报却是无法估量的。

社交边界篇

别让职场**伪社交**，
耽误了你的**茁壮成长**

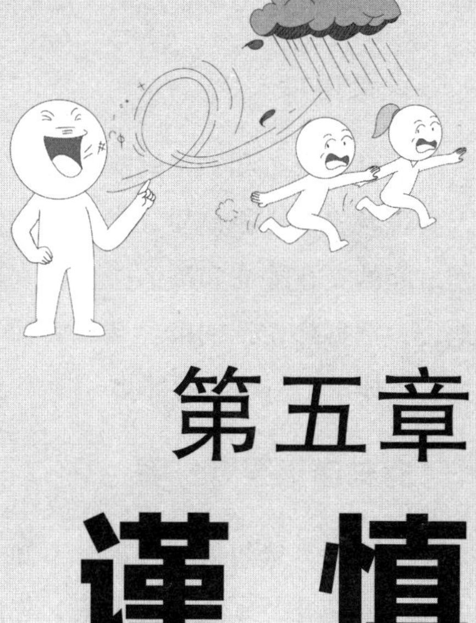

第五章

谨慎

万事有度，谨慎把握

在职场口不过心，将是一场灾难

● 呱呱坠地三年学说话，走入职场一生学会管住嘴。

小孩子说错话是童言无忌，成年人说错话，便让人觉得口无遮拦。在职场口不过心，犹如一场灾难，可能会给上司带来坏印象和同事的疏远，所以说话前先走心，是会让你省去不少麻烦的必备素质。

少言慎语

谁也不愿意和一个满嘴谎言的人交往，所以我们假话全不说。一个人具备诚实的道德品质，会让别人愿意与你亲近，吐露自己的心声，你们之间的交往才有实质的进步。真话不全说，是告诉我们真话要有选择地说，把握好说话的度。掌握真话不全说的技巧，既展现了一个人的智慧，也体现了一个人的能力。

时刻谨记要管好嘴

有时你突然想做一件事，不知道该不该去做的时候，可以坚定信心去做。但是有时别人和你聊天，你的内心犹豫一句话该不该说时，这句话往往不要说。你要知道，任何人都可能祸从口出。有一年公司年会，各部门负责人上台亮相、讲话，完毕后主持人说，请负责人下台。当晚，年会的主持人挨个向各负责人赔罪！

美国心理学家艾利克森提出一种“刻意练习”的方法，他认为不论

在什么领域，提高技能与能力的有效方法全都遵循一系列普遍原则。我们可以通过不断练习，每次和别人沟通交流时，刻意给自己留5~20秒的时间去充分思考后再表达，做一个三思而后行的人。

沉默是金和字如千金

职场中很多场合，不要轻易发表自己的观点，比如部门聚餐，主管让小李去订，他问主管吃什么，主管说火锅，小李口不过心说了句："啊？又是你爱吃的？"然后部门聚餐再也没叫过他。这就是言多必失，在职场慎言是一项很重要的素质，大家一定要有这种意识。如果遇到这种情况，保持沉默就好，因为你有时不经意的一句话，就能让你直接出局。

那些能在职场里管住自己嘴的人往往有两个特点，一个是具备一定的内在修养，可以忍住不说毫无意义的话；另一个是勤于思考，经常读书爱琢磨的人，思想是深邃的，表达的时候自然是语出不凡。平时，我们要有意练习增加讲话的信息量和讲话中的客观事实，减少传达负面情绪和偏激观点，自然可以做到字如千金。

自己的私事别说，别人的私事莫问

● 最好的礼貌是不要多管闲事。

出来工作第一件事就是要先学会闭嘴。别一股脑儿把所有事情都和别人讲，当你真正吃过一次亏就明白了，没有人会真正关心你的生活琐事，你说得再多，同事能帮你解决问题吗？你茶余饭后的谈资，指不定啥时候就传到当事人耳中了。所以会说话是一门技术，会闭嘴是一门艺术。

神秘感带来敬畏感

工作是工作，生活是生活。如果在企业中有上司或同事向你打听你的家庭情况、个人隐私等，千万不要和盘托出。说得越多，弱点就暴露得越多，上司、同事就越知道怎么拿捏你，怎么欺负你。俗话说看人下菜碟。如果你家境不是很好，他们就拿准了你肯定不敢轻易辞职，因而肆无忌惮地在工作中为难你、欺负你、压榨你。你的真心换来的是他们的欺侮，你的不幸会成为他们茶余饭后的笑谈，这何尝不是一种自作自受的悲哀。因此，自己的私事别说，保持距离感、保持神秘感，才能获得一份尊重，一份敬畏。

保持距离是对他人的尊重

与亲朋好友相处时，我们常常愿意将自己的生活分享，也愿意了解对方的种种。但是在企业中则不然，企业不是交朋友的地方，若你不把握界限的话，你眼中和上司、同事正常交谈的举动，在他们心中却早已越界。随随便便问别人的私事，比如：你结婚没有呀？有小孩没有呀？这大概率会造成十分尴尬的场面，更会让上司、同事觉得你的情商很低。

祸从口出

当你讨论某个人、某部电视剧，甚至花草树木时，不要轻易说厌恶，说不定你讨厌的正是别人喜欢的。当你问同事、上司无关工作的问题时，一定要三思。如果只是普通的问题也就作罢，但如果是工资明细、同事八卦等问题，不仅会让人觉得情商低，更会让人觉得人品差。久而久之，大家都会认为你是一个素质低下、搬弄是非的小人。而且问工资还涉及公司利益，若你的工资比同事的低太多，你心里就不平衡；若你的工资比同事高太多，则容易造成同事内心的不平衡。人心不稳，可能导致工作无法顺利进行下去。上司知道后，更免不了责罚你。

回答上司的问话，怎么才能得满分

● 合适的说话技巧，能让你走得更远。

走入职场后，和上司打交道是必不可少的。当上司问话时，我们要怎样回复上司才能拿高分呢？你就记住这个回话万能公式，让你的上司觉得你做事比别人靠谱，下次有机会提拔的时候，第一个想到你。

掌握正确的回复方式，减少不必要的废话

在回复上司的问话时，一句正确的回复，能大大提升上司对你的好感。如果只会傻傻地回复“收到”，则会降低上司对你的期望。在回答上司关于工作的问话时，要做到及时回复+具体措施。当上司问你关于工作的进度时，你可以这样回复：目前这项工作已经完成了哪几个小点，什么时候可以完成收尾工作，完成后将于什么时间发送到您的邮箱。这样既清晰地让上司了解你的工作进度与之后的工作计划，还能让上司有时间规划下一项工作。

当上司问到了不是你负责的工作时，不要急着回复不知道。这时上司问你，其实也是对你的一种认可，抓住机会这样回复：×总，这个事情应该是某某负责的，我现在马上给他打电话，让他来汇报。这样的回答既不会让上司尴尬，也能给上司留下一个负责的好印象。

工作之外的回复，也需技巧

也许我们会在其他场合碰见上司，这时面对上司的问话也要巧妙回复，要做到既不让上司尴尬，也不会说错。比如，上司夸奖你最近工作辛苦了！这时候千万别回复“这是我应该做的”，这样回答就容易把天聊死。正确的回答方法是，这点辛苦不算什么，在这次工作中我也学到了很多新的技能，或者新的处理事情的方式等，以后还需要您多多指导。这样的回复会让上司感觉你很不错，知道在工作中总结经验。

当上司问你某个人时，千万不要急着回答你和那个人的关系，因为你不知道上司为什么问。标准回答是：您是说财务部的某某吧，我跟他打过一次交道，您怎么突然问起他了。将提问方反转，上司一般不会继续追问，而你也成功化解了一次危机。

所以下次面对上司的询问，就别单纯地回复收到，带有自己见解的回答能让上司对你高看一眼。

拒绝不合理要求，关键是"不得罪人"

● 拒绝从来不会得罪人，而是你的方法不对。

起得比鸡早，睡得比狗晚，而老板还在不停给你安排新的工作，无端挤压你的工作时间、占用私人时间。在公司，大概每个人都会遇到类似的情况。当别人向你提出不合理的要求时，你是否内心很抗拒，却又不知怎么拒绝？

强调自己的困难以拒绝老板

当老板给你安排不合理的工作时，为了你的前途着想，断然不能直接回绝老板的要求。这个时候，你就该变选择题为态度题，转移老板的注意力，用积极的态度、有限的能力让老板放弃对你的进攻。首先进行一个积极的表态，向老板表明你真的十分想要做这项工作。随后就可以开始描述你的困难，例如工作太多，实在没有时间，等等。必要时，不妨将手中的工作列出，夸大一点向老板描述困难，相信此刻老板已经明白你确实无力完成他所要求的工作了，继而也就不会继续为难你了。

借助老板的名义拒绝同事

企业中总有一些"巨婴"同事，喜欢以帮忙的名义，将他们的工作交由别人来完成。对于这样的"巨婴"同事，千万不要因为碍于面子就答应了他们的请求。须知，某些人的贪婪和厚颜无耻是没有止境的。如果担心闹得太僵，不妨以老板的名义来拒绝他们的要求。你可以说：“真的不是我不愿意帮你，可是你看老板要我做的这项工作正是关键时候，最近忙得不得了，实在没有时间帮你，不好意思啊。”如此，纵使同事再不乐意，基本也都不会继续为难你了。

拒绝态度很重要

当站在对方的立场上看待事情，被直接拒绝无疑是一件十分掉面子和坏心情的事情。因此，在拒绝对方的时候，一定要考虑对方的感受，特别是面对老板时，千万不能让老板觉得你驳了他的面子。拒绝对方的时候同时要记得捧高对方，维护好了对方的面子，保持住了良好的关系，才能避免惹来更多的麻烦。

除此之外，拒绝别人时，还可以转移话题、避开话题，又或者是帮对方想出第三种解决方案，等等。总之，切忌直接冰冷冷地拒绝对方。

在职场要把握好交往的边界感

● 工作有关的事情细说，工作之外的事情不说。

人生是把尺，必须要有度。与上级、同事相处时，必须把握好边界感。跨越了边界，令别人不安，更让自己难堪。不过分亲近，又不令人感到疏离，彼此尊重，才是成年人之间最好的相处状态。

不高估自己，尊重他人的时间

职场里，工作才是最重要的。同事之间的相处，大多是为了推进工作。因此明确自己的责任，做好本职工作才是最应该做的事情，而人际关系并不用刻意维护，毕竟成年人最宝贵的就是时间。你的刻意讨好、亲近以及频繁地寻求帮助，都是在占用对方的时间。对成年人最大的尊重，就是尊重对方的时间。

不要轻易教别人

即使你的业务能力很强，业绩做得很漂亮，也不要轻易教任何人做事，包括和你关系最好的同事，除非他主动请教你，你再发表你的意见。更不要苦口婆心去教育别人，他能领悟多少就是多少。过度的指导不会获得别人的尊重，反而会招来别人的嫉妒、怨恨。

没有永远的朋友

情感是人的一大需求，我们可以把这种需求寄托到家人、朋友身上，但千万不要寄托在同事身上。同事不是朋友，不应该有过多的情感需求。不要和同事谈论太多工作之外的事。保持神秘感和边界感才能更好地维持关系，获得同事的尊重。

异性同事相处需谨慎

异性相处易生暧昧，而在职场暧昧更是大忌，要记得把工作和生活分开。如果在工作中把持不了自己的内心和行为，又或是无法拒绝别人的要求，那么吃亏就是迟早的事。当你沉迷于暧昧玩笑、异性之间的肢体接触时，不妨想想，以后时间久了，有人当真了，该怎么收场？彼此难堪也就罢了，若是流言蜚语在公司内传开，今后又该如何自处呢？

职场应谨言慎行

● 小人总爱欺软怕硬，与坏心眼的同事相处，软硬兼施方能长久。

办公室中总有那么一些人，每天热衷于盯着周边的人，上级、同事间任何一点风吹草动都逃不过他们的眼睛，满怀小心思，算计重重。如果你不幸在企业中遇到了这样的人，要如何与之周旋呢？

时刻保持戒备心

工作不是生活，企业不是交朋友的地方。当你初入企业，还不了解身边同事的时候，一定要时刻保持戒备心，因为有的同事真的防不胜防。谨言慎行尤为重要。

"你是社招进来的吗？""哎，我看老板好像蛮关注你的"。看似寻常的搭讪，可能就是同事在向你套话。若是不加留意，可能一不小心就让同事计谋得逞，将你的底细摸得一清二楚。谨言慎行第一是不暴露自己的底细，第二则是不讨论他人的事情。别人的对错不说，别人的八卦不打听，别人的私生活不好奇，不站队，不打小报告……如此，就算同事想挑你的错，想针对你，基本也是无从下手的。

不触及底线时也可一笑了之

小心思活泛的同事固然十分令人厌恶，但正因如此，才更要维持友好的表象。若是逃不掉工作中的合作和交集，哪怕相处得再不愉快，只要不触及自己的底线，也就一笑了之。毕竟对于坏心眼的人，你对他做一百件好事，他可能无动于衷；但是你对他稍微重言重语，他大概会咬牙切齿、怀恨在心。必须接触时能哄则哄，一些无关紧要的事情让他占点小便宜也无伤大雅。当小人的虚荣心得到满足后，相信你们之间的合作也能更加顺利。

让步不是保持懦弱

当你对坏心眼同事每每让步，而他却不知好歹、步步紧逼，怎么办？要知道，小人最爱欺软怕硬。如果你的让步换不来他的消停，反而让他更加嚣张，甚至触及你的底线，那么这时候，息事宁人已不可取，我们一定要用强硬的态度，用钢铁的手段让坏心眼同事知道自己不是好惹的。只有真正震慑住了小人，在日后的日子里，坏心眼同事才不敢继续找你的麻烦。

学会抬轿子，而不是坐轿子

● 和同事聊天时要学会抬轿子，你的朋友才会越来越多。

和同事聊天时，只要学会了抬轿子，你的朋友也会越来越多。什么叫抬轿子？就是学会烘托气氛，给别人展现才华的机会，为别人搭建舞台。而这往往能够提升你的社交价值，因为你在他的眼中，是一个会为他人着想，赏识别人才华的人。

掌控整场谈话节奏

抬轿子最简单的方法，就是在聊天时将话题往对方的优点或者擅长领域上引。比如，人群里有一个健身达人，你就可以问：我一直觉得我的腿很粗，怎么练才能瘦腿？这样这位朋友就有了展示自己特长的机会。当他开始侃侃而谈，吸引了众人的关注，就证明这次轿子抬成了。

当然，聊天内容是多变的，不可能只有轻松的氛围，有时也难免会陷入尴尬的氛围。这时，转移话题帮助对方缓解尴尬，或者打圆场，也是抬轿子的一种方式。

成为老板的代言人

抬轿子主要对象是你的上级。所以你要时刻站在老板的立场上，为老板助阵、捧场。比如当老板宣布重大决策、布置重要工作时，我们可以率先表态，带头执行；当团队做出成绩、取得重大突破时，多多夸赞，将业绩归到老板身上；而当团队有责任时，我们则要率先承担责任；当工作繁忙时，主动帮老板分忧，帮老板承担一些力所能及的事情。长久下来，不仅老板赏识你、重视你，其他同事也会把你当成老板的代言人。

抬轿子不是赶鸭子上架

不是所有人都喜欢表现自己，所以在抬轿子的时候，要特别注意分寸。遇到内向的人，就不要逼他唱歌跳舞分享故事，邀请次数太多只会变成逼迫，到头来闹得大伙都不愉快，吃力不讨好。

抬轿子，是成人世界里人情往来的一门必修课，学会抬轿子，以后才能坐上轿子。

与老板相处，务必要保持一定的距离

● 和老板保持距离，既是对老板的尊重，也是对自己的一种保护。

和老板相处时，社交距离十分必要。否则，太远，显得生疏；过近，又像别有用意。

除了旁人的看法想法，也不要忘记站在老板的立场看问题。递交文件的时候，记得带笔，注意把文件正面朝上双手递交给老板；与老板沟通的时候，最好站在老板办公桌的对面，眼神切忌在老板桌面的文件和电脑桌面徘徊，尊重老板的隐私。

要有边界感

有些老板待人亲近，相处起来容易让人没有边界感，甚至开始和老板称兄道弟、无话不说……殊不知，自己在老板心中的形象已经大打折扣、一落千丈，甚至老板对自己已经只剩下厌恶。

适当地和老板亲近，有助于自己事业的发展；但过度亲近，无边界感地相处，则只会给自己的职场生涯带来毁灭性的打击。

如果只是在和老板的相处中模糊了界限，可能会导致老板对自己的厌恶。可一旦得意忘形，恃宠而骄，甚至越俎代庖……老板就会感到自己的地位不被尊重，自己的威信受到挑战。当某个下属长时间替老板发号施令，甚至擅作主张、先斩后奏，人们潜意识会把这个下属的地位抬高而把老板的地位降低。然而事实却是，老板依旧是老板，而下属仍旧是下属，在企业中，一定要正视老板的地位。

保持距离，也是对自己利益的保障

每个人都有自己的私生活，都需要一定的隐私空间，老板更是如此。当和老板相处时，首先要让老板感觉与你相处是舒服的，是有安全感的。不该听的话不听，不该看的事不看，不能好奇的事情不要好奇。身在企业，一定要明白，远离老板的私生活，不好奇老板的各种秘密，方是长久之道。

与老板保持一定的距离，也是对自己的一种保护。如果与老板接触过于频繁，唯命是从，老板难免会认为你性格弱、好使唤，从而肆无忌惮地占用你工作之外的时间，严重影响你的正常生活。

向下管理篇

给你一个*团队*，
你要有能够*胜任的本领*

第六章

把关

做好上下环节的把关者

真正的向上管理，不是巴结和讨好

● 向上管理，相互成就。

为什么有的同事入职之后年年加薪升职，和你一起入职的同事甚至成为你的上级，而更能干的你，到头来却什么都没捞着，而这一切的关键就是有的人特别擅长向上管理。

向上管理不是说要去对着老板溜须拍马，而是主动影响对你有管理权的人，获得你无法企及的资源和人脉，这有助自己取得业务能力上的成长。

把聚光灯打在直属上司身上，尊重老板

对直属上司坦诚，不低估直属上司的能力。建立信任的前提是信息互动，不要刻意向直属上司隐瞒信息，更不要自以为是，觉得自己比直属上司聪明。既然直属上司能坐到高位，必然有他的过人之处。也许在专业技术上，直属上司没有一线员工精湛，但是他一定有自己擅长，并且在企业内不可或缺的能力，或者拥有一般人难以获取的资源。不隐瞒不低估是对直属上司最大的尊重。

把直属上司当成自己的资源，获取有效的支持和帮助

在我们生命的每个阶段，自己的角色不断变化，身边的环境不断变换，但你会发现，无论身处什么位置，总会有一个直属上司在我们头上。

那么对于你而言，直属上司是什么呢？聪明人的答案是：资源和人脉。

你带领你的团队攻坚，需要直属上司批经费，介绍重要客户，这些就是直属上司给你的资源和人脉。所以我们要经常向直属上司汇报，有什么困难，需要什么支持及时提出，把直属上司的资源和人脉牢牢地抓在手中。

搞清楚老板要什么，才能管理好老板的预期

什么是“老板的预期”？无非是老板的目标和老板的痛点。比如老板交办一项任务给你的团队，你一定要想明白这些问题。

这个任务要做成什么样？达到什么样的效果？宣传通稿能上到哪个层级的平台？影响到的群体有多少？需要老板什么帮助？……

一定要搞清楚老板的要求和痛点，想老板之所想，急老板之所急，一定要跟老板“对齐颗粒度”。千万不要因为逞强和自以为是，去接受一些自己无法达成的任务，这不仅是对老板和公司的不负责，更是对自己的不负责。

跟老板要有畅通的信息沟通渠道

有效的沟通能够更好地搜集信息和建立信任。日常的沟通，什么话什么信息该对谁说，一定要分清楚。跟老板进行思想汇报以及与同事之间的交流要注意，别让第三者来“替你”和老板传递信息。

总归一句，清楚老板需要你做什么，让老板知道你能做什么，然后双向奔赴，相互成就。

做优秀的管理者，成为一个有威信的上司

● 不要做善解人意的上司，在下属眼里你的善解人意就是软弱无能。

“慈不掌兵，义不养财”。优秀的管理者都是“坏人”，这并不是指品行败坏。优秀的管理者会给团队制定高标准和严格的规章制度，逼着整个团队不断进步。虽然当下这些标准和规章制度会让整个团队产生“阵痛”，但多年以后你再回头看，反而会觉得他是你人生最负责任的贵人。人的潜力，有时候就需要别人逼一逼。

适度树立威信

你是一个善解人意的上司，体谅每个下属的不易，所以什么事都会先帮他们想好；下属向你寻求帮助，你也尽全力去满足他们。你本以为用这种真心换真心的方式，能获得下属的尊重，让他们为了整个团队拼命奋斗。可不承想，换来的却是下属觉得你好欺负，觉得你无能，人性的弱点就是如此。因此，不要试图用善解人意打动下属，要知道，你宽容的尺度就是下属的工作态度，就是团队的下限，要树立起自己作为领导的威信，让下属心服口服地积极工作，带领整个团队不断进步，才是你作为管理者应该做的。

建立严格的规章制度

下属有事要提前几分钟下班，可以吗？

下属觉得工作太难了，希望换一个工作内容，能行吗？

如果你是一个习惯包容下属、长期对下属低要求的管理者，慢慢地你就会发现——自己安排的事都落实不下去；企业的规章制度如同虚设；有能力的下属认为你赏罚不明，纷纷离开团队；而浑水摸鱼的下属则很快找到自己的舒适圈，变成“老油条”；你的团队开始停滞不前，甚至不停倒退。因此，建立严格的规章制度十分必要，而更重要的则是严格执行这些规章制度。管理、考核等等制度看似缺乏人性，但这恰恰是工作中所需要的。

先小人，后君子

立威是每个管理者都需要做的头等大事。当下属做错事时，即使只是一个很小的错误，哪怕你们的私交再好，也一定不要轻易放过。不管任何人，不管任何出错行为，都要采取相应的惩罚措施，下属才会敬畏你，从而避免在之后的工作中犯同样的错误。虽然此时的你，在下属心中大抵是小人的形象，但是请记住“只有先小人，后来才能做君子”。那些一开始就做君子的管理者，往往在带领团队的后期带不下去，主要原因就是没有树立威信，没有建立正确的规章制度，团队就像一起合作的一群狐狸一样，每个人都有自己的小心思。这样的团队是永远无法团结的，办大事更是想都别想。

如何培养你的领导气质

● 没有人会告诉你，一个没有领导气质的管理者往往无法让人信服。

为什么有些人一眼看去就让人觉得十分靠谱，像个厉害人物？这就是领导气质。古时有天子面相一说，而领导气质就是一个人从骨子里散发出来的让人觉得贵气、霸道、儒雅的气质。培养领导气质不仅能提升个人魅力，更能更好地帮助我们开展工作，那到底怎样培养领导气质呢？

沉稳大气

《礼记》言："水深则流缓，语迟则人贵。"领导气质亦是如此，只有做到深沉内敛，持重低调，才不会显得人轻浮。因此，要向内思考，而不是过度向外诉说。不要轻易在人面前暴露自己的情绪，诉说自己的困难；不要随意与人推心置腹，随便透露自己的想法、计划；说话时不慌张，不过快也不过慢；不轻易下决定；等等。

细心周到

不够细心是大部分管理者的通病，他们往往关注事情的整体发展却忽略一些细节问题，而这些细节问题则恰恰可能是影响整个事情发展的关键所在。因此，时时保持如履薄冰、毫不懈怠的谨慎十分重要。对有问题的工作，要仔细查找、思考它的问题所在，而不是一味指责下属；对企业内发生的一举一动，要时常关注，思考有无弊病；对习以为常的做事方法，要学会重新审视其是否最优解，寻求更好的工作方法。关注工作生活中容易忽略的点，思考事情的因果关系，时刻保持学习的态度，寻求工作中的最优解。做到这些，下属想不佩服你都难。

有胆识有胸怀

不自信的人做事总是畏手畏脚，心胸狭隘的人生活中总是斤斤计较，而这样的人显然是无法成为令人信服的管理者的。做管理者，就是要有常人难有的胆识，高瞻远瞩，杀伐果断，带领团队勇敢向前奔。做管理者，更要有胸怀，待人大度。俗话说“宰相肚里能撑船”，对下属的小过失，不要紧紧揪着不放，这样很可能把下属变成敌人。工作中的成就也应该和下属一起分享，须知，没有兵的将军什么也不是。

实干担当

要做一个有成绩的管理者就需要实干和担当。任何事，勇敢去做才有可能出成绩；任何责任和过失，敢于担当才能服众。因此，决定做一件事时，要仔细思考，要杀伐果断，保持合情合理合法的思维习惯；开始做一件事时，要多思多想、灵活多变，掌握全局的高度而能居安思危、未雨绸缪，不至于让工作跑偏，犯下大错；当工作出现问题时，要勇于担当，审查过错。

不要轻易被套话

● 不想被人套路，就要做到，心中善良，身上有刺，让自己看起来不好惹。

职场里的算计，一般都是从套话开始，刚认识的时候，同事间都很客气，不会一上来就套路你，一旦熟悉了，就会开始打探你的隐私，试探你的底线。如果你的底细被别人摸透了，拿捏你简直易如反掌，所以，如何不被套话，今天教你三大招。

反问四件套，让对方一秒闭嘴

反问四件套是指：为什么？这有什么关系？那你呢？那又怎样呢？

办公室里闲聊，有人问你："小李，你是社招的吗？"如此简单的问题，你想不到它藏了多大的坑。如果你说是，那就表明你在企业里没关系、没背景，日后可以随便拿捏；如果你说不是，他就会问你有什么关系，日后利用这点在背后说闲话、搞事情。所以，遇到这种有坑的问题，你回答是或不是都不行。正确的做法是先不回答，反问他的动机，让他后面的话没机会说。你可以笑着说"张哥，你为什么问这个呢？""这跟工作有什么关系吗？"两个"好奇"的问题抛给他，一般他只会说："没事，就是想了解一下。"那你就接着说："了解以后要怎么样呢？对了，张哥你是社招的吗？"就这四句话，他不仅套不走你的信息，你还能从言语中告诉他，你的底线在哪里，教他闭嘴。

反套路拿捏：反问+引导对方给答案

如果别人问你："你知道小张和领导的关系吗？"你要回答："不知道啊，怎么了？你是听到什么小道消息了？"同样是别人问你，但是关于另一个人的事情，对这种容易落把柄的问题，你一定不要回答，直接说不知道，不了解，再反问句"怎么了"，让别人说后面的话。

夸大回答，眼神逼退

对一般人前面两招就足够了，但如果真的遇到了那种情商低，又一直追问你的人，那就不用对他善良，跟他废话了，直接用第三招：夸张地回答他，然后靠眼神和气场逼退他。听到你不想回答的问题，出于礼貌，你可以回答一个比较夸张的答案，比如问你工资多少，你告诉他："也就比一亿少一点。"如果他还要张嘴，你就沉默、微笑地盯着他，几秒钟就足够让他找借口走开。

新官上任三把火，每一把火该怎么烧

● 新官上任三把火，这样才能烧到位。

新官上任并不代表你的位置就坐稳了，而“三把火”就是新官站稳脚跟的重要途径。火没有烧好烧旺，很容易就会被轰下台。只有把三把火烧好了，让老板赏识你、重视你、下属敬畏你，才能在新的天地站稳脚跟、越做越好。

细心观察，解除戒心

部门里来了一位新主管，下属们不了解你的为人，一定是做好充足的准备，就等着你烧这三把火，但这个时候你要反其道而行之，就偏不烧，还要刻意和他们保持一定的距离。第一次开会不要太过严肃，作简单的自我介绍，互相寒暄几句，切忌在此时立规矩，更不要自掏腰包请客。此时他们对你的初步印象就是“这个主管还挺好说话的”。在接下来的工作中，就关注他们的日常行为就可以了，不要随意找他们谈话，这个时候你是得不到实话的。

静观其变，稳定人心

俗话说“心急吃不了热豆腐”，新官上任大多都着急展现自己的价值，但若太急展现自己的价值，不顾现有的情况，反而会产生很多负面效果，例如团队混乱、人心不服、绩效下降，等等，到最后好心办坏事，得不偿失。因此，新官上任首先要静观其变，稳定人心，不做打草惊蛇，闹得鸡飞狗跳的事情。趁这段时间深度去了解企业的人员背景和工作情况，也是为之后烧好几把火做准备。

调整人事，培养人才

新官上任必定要培养自己的心腹，而企业现有的人才安排还是上一任遗留下来的。因此，在你深入了解企业的人员背景和工作情况后，可以选择拉拢一些前任领导在时失意的老员工，使其为自己效力。通过升职加薪等手段厚待他们，在他们经历了那么久失意的日子后，你对他们的厚待无疑是知遇之恩。

树立威信，干出业绩

新官上任三把火，向上是为了给自己的上司有个行动反馈，而向下则是为了树立威信，使下属尊重、敬畏自己。每一任新上任的主管都是被聘用来产生价值的，因此，我们在合适的时机需要做出一些事情来展现自己的价值。比如哪个工作长时间没有突破，哪个难点长时间得不到解决，现有的工作制度有哪些缺点可以改进，等等。但是展现价值不可操之过急，必须根据团队现有的现实情况来决定工作到底怎么开展，否则很容易带来负面效果。

性子软的人，如何当管理者

● 不要做一个优柔寡断的领导。

性格软弱不是说话温柔善良，待人接物和气，而是做事优柔寡断，没有魄力，不敢为了团队争取利益。这对你的下属来说，就是一场灾难。也有很多管理者虽然看起来很软弱，但做起事来雷厉风行，说一不二。没有天生就不适合当管理者的人，也没有天生就适合当管理者的人。性格不是问题，问题是你应该怎么当管理者。表面的强势只会得罪人，内在的坚韧才能让你越走越远。

妇人之仁不可取

慈不掌兵，而带人如带军，如果你在战场上时时感伤、犹豫不决，那这场战争注定是失败的。职场亦是如此，管理团队就需要说一不二的气魄。如果你举棋不定、常怀慈悲，今天遇到下属抱怨工作太累，明天又遇到下属抱怨天气恶劣，后天还有各种身体不适……当你一次次纵容下属，久而久之，他们就会变得放纵懒散、不服管教，甚至把你对他们的好都当做是理所应当的。如此，你的威信不复存在，你的团队更不可能成为一个优秀的团队。不要与下属产生太多共情，你们只是工作关系，公事公办即可。不要妄图以妇人之仁换来下属的感激，并因此认为他们会加倍努力工作，永远不要想着去战胜人性的弱点。

菩萨心肠，雷霆手段

没有雷霆手段，莫行菩萨心肠，否则你就是“泥菩萨过江，自身难保”。很多人觉得管理者不能只是严厉，像一个毫无感情的独裁者，时间久了，下属必会心生怨恨。当然，好的管理者不能只是严厉，严厉需要仁慈的外表，而仁慈亦需要严厉的支撑。心慈手软的人不能服众，这时候就需要你在下属心中立起威严的形象，只有下属对你足够尊重，他们才会尊重你的每个决定，办好你交代的每件事。同时，树立仁慈的外表，在生活方面对下属关照关心几句，下属成功完成工作后表扬几句，当下属遇到困难的时给予适当的帮助，相信你在下属心中一定是一个有温度、充满人文关怀而又令人敬重的管理者。

提升个人姿态

人与人接触的第一印象，总是来自这个人的外在形象、言行举止等等。首先，作为管理者，干净整洁的穿着可以给下属留下积极的印象。其次，与人交谈时，不要唯唯诺诺、犹豫不决；给下属布置任务时，不要问“好吗？”“可以吗？”这类征求下属意见的话；不要过多解释原因，否则像是你在求他办事。最后，说话的语速、眼神也有讲究，沉稳的语气、坚定的眼神也让你看起来更加稳重。

管理者是如何拒绝人的

● 拒绝别人，越果断越好，否则到头来，拒绝他还变成你的错。

学会拒绝别人，能减少职场里50%的麻烦。

你之所以不敢拒绝别人，是因为不够自信，只能用不断牺牲自己的方式，来获取别人的接纳。而另一部分人，害怕自己过于直接的拒绝而得罪他人，毕竟树敌太多，在职场中并不是件好事。学会管理者的拒绝方式，不仅不得罪人，甚至还能把拒绝变成拉近双方关系的工具。

不得罪别人很重要，但拒绝别人更重要

身为管理者，因位高权重，肯定会有许多人请求你帮忙。有些无关痛痒的忙能帮，而一些超出个人能力范围，或者需要耗费大量时间精力的忙，可别硬着头皮答应下来。拒绝时切忌扭扭捏捏优柔寡断，直接果断地拒绝，反而能在众人心中立好自己的人设。长久下来，别人都了解你的个性，自然也不会令你为难。身为管理者，讨好型人格只会让你显得廉价，没威信，更容易被人蹬鼻子上脸。

老好人不好当

当老好人式的管理者，可以吗？下属临时有事，那就让他早点下班吧；刮风下雨，迟到了就不批评了吧；大家生活都不容易，平时有事能

帮就帮吧……看似你做的每一件事都是善意的，殊不知，藏在“老好人”外表下的你，已然变成了下属的“工具人”。一旦你成为老好人，摆在你面前的就是无穷无尽的帮忙。在今后的工作中，不管下属遇到什么问题，他们都会第一时间让你帮他解决，而从不主动想办法自己处理。因此，一定要拒绝当老好人，不要不好意思，立起自己的威信，让人常怀敬畏之心。

话不可说绝

语言是内心想法的外在体现，是情绪的传达工具，利用好语言，做到利己不损人，才是最聪明的做法。拒绝别人请求时，对方的内心一定是不舒服，甚至是气愤的。这个时候，我们既要让对方明白自己是绝不可能帮助对方的；同时，也要适当关心对方，抹平对方内心的一些不适，必要时，可以传授一些做事的技巧，或者给予一些可行的方案，既让对方知道你是一个有原则的人，也让对方不至于恼怒、记恨你。

学会灵活变通

● 接人待事，要懂得灵活变通。

在职场中有许多晋升的方法，其中有一个方法不够体面，但却非常有效，那就是灵活变通。学会变通能让你的职场之路走得更远。

灵活变通的具体办法

跟职场的受气包交往时，一定要掌控好共情的程度。当你跟受气包走得太近时，他的负面情绪将会无条件地向你倾倒，这样你就变成受气包的受气包了。

跟物质条件缺乏的人交往，不要刻意炫耀自己的物质财富。你的每一次炫耀，都是在为自己挖掘坟墓，你要记住升米恩都能变成斗米仇，更何况是故意的炫耀与贬低！当你遇到任何麻烦时，那些被你贬低的人将会抓住机会把你踩到泥地，可能只是一个小错误，但是你的职场生涯可能就此结束了。

跟爱打压别人的人交往时要记住一句话，捧杀也是一种技巧。在职场中爱打压别人的人无疑是想通过打压别人来提升自己的优越感，那么你就先一步捧杀他，时不时夸他几句。

跟高位者和能力强的人交往时，不要处处谄媚，无限降低自己的身份去攀附他，更不要自命清高，脸上挂着一副看不上他的样子。你要记住他之所以能坐得比你高无非就是两点，一是他能力比你强，二是他比你会处理职场的关系。这时，我们就要拿出不卑不亢的态度，靠近他、学习他，那么你将会有希望是下一个他。

职场中会遇到很多奇奇怪怪的人，刻薄的人也比比皆是，当我们与刻薄的人交往时我们要和他保持距离。要时刻记得退一步海阔天空，偶尔吃点小亏，让他占点便宜也无伤大雅。尽量不要和他产生冲突，要不然你不知道他会在什么时候来恶心一下你，这样将会严重影响到你的生活和工作。

跟脾气火暴的人交往，我们要时刻保持情绪稳定，要不然双方都会陷入尴尬的处境中。如果不能保证自己每一次都能沉着冷静地处理和他的冲突，那适当的避让也是可以的，不要硬碰硬，这样既浪费了时间，还消耗精力。

懂得灵活变通、因人制宜，这样你的职场将更顺畅。

如何管理刺头下属

● 不要一味地包容友善，要学会恩威并施，而搞定人的核心，就是搞定刺头。

刺头下属当众顶撞你，让你下不来台，丢尽面子，你该怎么办？心理素质不强的人，可能会恼羞成怒，大发雷霆，甚至直接飙脏话。在任何一个团队里，很听话的人往往没有什么能耐，而真正有能力的人，大多数都是刺头。想做大佬，就要有搞定人的手段，而搞定人的核心，就是搞定刺头。

先威后恩，刚柔并济

对待刺头下属，不要一味地包容友善，要学会利用人性的弱点恩威并施。先以威严的手段让他服你，再施其以恩，让施恩显得弥足珍贵。切忌一上来就对其包容，妄图感化他，你越是包容，下属会越觉得你的施恩廉价、不值一提。

抓住弱点，对症下药

只要是人，就有弱点。因此，面对刺头下属时，先抓住他的弱点，以此作为拿捏他的突破点。非常自律的人，就带他多放纵；不谈条件的人，就逼他亮底牌……总之，他不擅长什么，不喜欢什么，不愿意接触什么，你就一定让他做什么。逼他走出自己的舒适圈，他才能意识到自

己作为下属的事实，并且才能开始正视你这个领导。也许他还不服，还不能做到尊重你，敬佩你，但是起码他知道不能忽略你，轻视你，挑衅你。

把控权力

管理者要学会下放自己的权力，更要懂得控制下属的权力。不管是不是刺头下属，都不能让一个人在一个位置待太久。如果下属有了自己的势力，就会变得傲慢、不服管教，甚至敢当众对你叫板。所以时常调动工作岗位很重要，对于不能调动的，也记得安排一或两个心腹与之形成制衡之势。

以理服人

对于本性不坏的刺头下属，我们可以单独请他喝喝茶，坐下来好好聊一聊。作为管理者，时刻保持冷静和理性，先认真倾听下属的想法，让下属讲明白自己的诉求。与下属建立真诚沟通的渠道，不争不吵，理清楚事情的头绪，解决其中的问题。若能真心换真心，相信就能大事化小，小事化了，甚至让刺头下属变成自己的得力下属和心腹。

慈不掌兵，带头不服者必严惩

● 规矩摆在那里，谁碰谁遭殃，小绵羊的团队只能吃草，野狼的队伍才有肉吃。

团队里的出头鸟就像一匹烈马，如果你无法驾驭他，他会千方百计把你掀翻在地，甚至带坏整个团队。但是一旦你驯服了这匹烈马，他会比其他下属还要忠诚。

规矩要立起来

很多从底层爬上来的管理者，往往对自己要求严格，但对下属却宽容大度，把他们惯成了失去斗志的小绵羊。一旦团队形成了这样的风气，只会让团队散漫无纪，真正优秀的员工也会快速流失。

企业里规矩第一，人情第二，只有制定合理的规章制度、工作标准，以及工作规范，并且管理者带头严格执行，才能建立起管理者的威信，约束每个人的行为。

用制度让别人服管

对不服管，甚至带头拒绝执行规矩的下属，一定要多注意，他将会是你立威的最好选择。但这类人往往能力更加出众，单纯地开除辞退，只会造成公司的损失，此时你可以利用规章制度，合理地给出头鸟一个下马威。一旦发现他违反了规章制度，必须严肃地进行处罚，绝不能手

软。毕竟敢于挑战你威信的人，就该是那只儆猴的“鸡”。但切忌小题大做或者正大光明地加码，以免落得“公报私仇”的标签。想保障制度的贯彻落实，那就一定要先搞定出头鸟。毕竟奖罚分明的管理者，才能使下属信服。

规矩之下，没有例外

组织中任何人触犯规章制度都要受到处罚。它带有警示性、一致性、即时性和公平性。

——热炉法则

规矩立在那里，每个人都要遵守，没有例外。作为管理者，更应该以身作则，带头遵守企业的规章制度，作出表率，哪怕自己违反了规矩，也要主动接受惩罚。让大家明白你是一个赏罚分明、没有私心的管理者，这种平等才是对下属最好的激励和约束。

如何管理不同性格的下属

● 千秋基业，人才为先，特殊人才非伯乐不能收服。

管理当中最忌讳的就是一视同仁，对所有人都是一样的管理方式，就是你最大的问题。很多领导觉得，我的性格就是这样，所以你们只能适应我，这么做的结果就是，你的团队只能留住某一类人，只有这类人能适应你的管理风格。如果团队全是一模一样的个体，这样的团队又该如何发展？

千里马人才，要适当放权

千里马型的人才，他们有能力和强大的行动力，但往往比较桀骜不驯。因此，在生活方面，尽可能让他们满意；在工作方面、技术方面，更要不遗余力为其提供情感和资源的支持。真正的优秀人才往往更加在意个人能力的发挥。如果总是得不到领导的支持，发挥不出自己的才能，久而久之，他们会陷入郁郁不得志的状态，精神苦闷，从而可能选择离开，去寻找一个能够发挥自己才华的平台。因此，只有领导的支持和适当放权，千里马才能肆意奔跑，最大限度发挥自己的价值。

鸵鸟型人才，要适当刺激

一个人的能力越强，就越容易形成自己独特的个性，有个性，就有要求，有脾气。而鸵鸟型人才则恰恰相反，他们能力虽强，但较为懒惰，往往不屑于世俗的常理和传统的规章制度。对于这种特殊人才，更需要我们以灵活的思维手段对待。普通的工作和酬劳无法打动他们，那就为其提供更好、更有机会的平台刺激他们，推着他们向更高的目标攀登。

兔子型人才，要保护

兔子型人才能力一般，但十分勤劳。对于工作，他们往往充满热情，积极努力。而你作为管理者，首先要保护这类人才的工作热情，千万不要因为他们工作能力一般，就打击他们的工作热情。每个人都有自己擅长的领域，而管理者需要做的，是把不同的人安排到他擅长的领域，让其最大程度发挥自己的能力。因此，对于兔子型人才，我们不能苛求他们有很强的工作能力，而是要积极保护他们的工作热情。“千里马常有而伯乐不常有”，只有欣赏特殊人才，尊重特殊人才，让特殊人才在你手下感到舒适自在，他们才能敞开心扉，发挥自身的最大价值。

收放自如，管理者的必修课

● 不会放权的管理者辛苦自己，不会控权的管理者伤害自己。

一个好的管理者，必须要做到权力的“收放自如”。不懂得放权，成天在一线和下属抓细节，你会很辛苦；不懂得控权，下属会自作主张，久而久之，权力就会被架空，最终成为光杆司令。权力既能放得出去，在关键时刻又能收得回来，是当好一名管理者的必修课。

谨防权力架空

优秀的人才需要更加自由的空间，因此，放权显得十分重要，但切忌一劳永逸式放权。若放权之后对工作的事情一概不管，下属便会逐渐把权力收为己有，在工作方面容易形成自作主张、先斩后奏的局面，甚至不把管理者放在眼里，这是十分危险的行为。所以一个高明的管理者不仅要学会放权，更要学会控权，否则一旦权力被下属架空，自己就成了光杆司令。

如何控权

控权是一门灵活多变的学问，永远没有标准的答卷。譬如一份工作发布时，你可以选定两个负责人，这样就能够形成互相制衡之势，防止在工作中出现一家独大的局面。身为管理者的你，只需要在两位负责人中统筹调和即可。或者可以将一份工作细化、片段化地交给不同的人来完成，不同人负责不同片段，离了任何一个人工作都不算完整，但是任何一个人也别想完整掌控整个工作。最后，将核心资源牢牢掌握在自己手中，比如某项工作需要与某个大人物对接，千万不要给下属与大人物单独对接的机会。这样，即使下属离开你，也掀不起大的风浪，因为最重要的核心资源依然掌握在你手中。

控权是为了工作的完成

“一朝被蛇咬，十年怕井绳。”不要因为担心权力失控，就把权力控得死死的。放权是为了工作的完成，控权亦是如此。一个成熟的管理者，要做到权力放得出去，还能收得回来。在控权时，只要把控工作的进度和工作方向，确保目标任务能够及时顺利完成即可，对细节的精雕细琢是下属的事情。身为管理者，本就比下属更操心，考虑问题也要更全面，所以要把精力放在关键处。

老板可以跟员工打成一片吗

● 和下属保持距离，谨防狐假虎威的人。

和下属保持距离

作为管理者，和下属走得太近，甚至和下属做朋友，不只是你和下属两个人的事情，这会影响到整个团队关系的和谐。当你和某位下属走得太近、关系很好时，下属不一定能将生活和工作分得清。你给他安排工作，他却和你讨价还价；下属犯错时，你公事公办，他觉得你太狠心；若你特殊对待、格外包容，其他同事又觉得你不公平……久而久之，不仅会严重影响整个团队的和谐，更会影响正常工作的推进，自己作为管理者的威信也会丢失得彻彻底底。因此，我们可以和下属亲近，却不能时时刻刻保持亲近，以至于生活和工作的界限都混淆了。作为管理者，不能做到一碗水端平，一定会让人不服。和下属保持距离，避免陷自己于不义。

谨防小人

“结交远小人，小人难姑息。”作为管理者，当你对下属真心相待时，殊不知，有些下属仗着自己和管理者关系好就在管理者面前没大没小，在其他同事面前得意炫耀，甚至狐假虎威，借着自己和管理者的关系，打着管理者的旗号去欺负别人、压榨别人。长此以往，众人不仅会对该

位下属怨气冲天，更会认为这一切都是管理者的授意，是管理者默认的行为，进而将这份不满、埋怨都转移到管理者的身上。管理者明明什么都没做，却名声败坏，为何？就是因为不爱惜自己的羽毛，和下属走得太近，而结交朋友又不加以观察，与小人结交甚久也一无所知，实在可惜。

不要轻易暴露自己的弱点和隐私

和下属走得太近，就容易将自己的弱点、秘密暴露出来，暴露得越多，你就越没有威严，同时，这些还可能被下属拿去作为要挟你的把柄。今天的朋友可能就是明天的敌人，当利益出现冲突时，很难说自己不会被下属抛弃，甚至背叛。事实上，有些人为了向上爬可以无所不用其极，害人之心不可有，防人之心不可无。因此，与下属保持安全的社交距离，保持恰当的神秘感，下属才会对你尊重、敬畏。

当了人事主管才懂的职场真相

● 调整分工注重服务老板，略施技巧管理好下属。

人事主管上要负责老板的工作生活，下要向员工传达安排老板的各种工作。因此，如何把事情办圆满，让双方都能最大程度地接受、满意，就十分考验人事主管个人的能力、情商和变通力。

人事主管最重要的事，就是老板口头安排的事

人事主管就像老板的大秘书。和老板打交道占了工作中大部分的时间，而老板的事情无疑也就是人事主管的头等大事。很多时候，老板并不会把工作仔细安排给人事主管，大部分都是通过口头安排。千万不要轻视老板口头安排的工作，这恰恰是你身为人事主管最重要的事情。给老板当大秘书，照顾老板工作甚至生活中的方方面面，干得好了，让老板满意，能提升自己的个人能力，为自己争取更多的资源，更容易得到老板的赏识和提拔。

收到老板的会议通知，随手给司机发一份

老板的工作往往需要东奔西走，这时就需要人事主管处理好老板的吃饭、出行和住宿问题。而每当收到老板的会议通知的时候，就可以先随手发给司机一份。这样，司机提前知晓老板接下来的安排和行程，就能更加合理地安排时间，更好地为老板的出行做准备。如果老板需要吃

饭住宿，也能提前订好酒店，熟悉路线，不至于事到临头手忙脚乱。

老板重视的工作，多做宣传

身为人事主管，一定要时时站在老板的立场，为老板说话、捧场，切忌让老板一个人在那里唱独角戏。老板的工作取得了什么进展和成就，你也夸赞一番。如此，让老板感觉到自己的话处处有回应，自己重视的事时时得到重视，老板的内心自然就生出一股成就感，同时，对你也更加重视，更加把你当做自己的心腹。

夸奖的话要人多时说，有意见要单独聊

身为人事主管，还负责任务的上传下达。其间，有人任务完成得优秀，也有人难免犯错。对于优秀的人，我们要给予夸赞，而夸赞的话只有在人多的时候，当着众人的面说，它的效果才能达到最大化。而事情办得不完美的人，我们可以提出意见，但是意见一定要单独聊，千万不要当众驳了别人的面子。须知，人事主管是一个夹在老板和员工中间的尴尬位置，只有上下都不得罪，才能做一个让所有人都没有怨言的人事主管。

以权压人，只会自食苦果

● 狗急跳墙、兔急咬人，永远不要挑战一个人的底线，否则下一个出事的就是你。

当管理者一定要有领导力，管理下属要以管理力而非职权为主。如果一个管理者只会用职权控制下属，野蛮无理地让下属无条件服从自己，那只能成长为一个所有人都特别讨厌的管理者。你用权力控制下属，下属又怎么能尽心尽力地为你办事呢？因此，一个好的管理者一定是以人为本、尊重人权的管理者。

权力来源于责任

企业中，以权压人是最愚蠢的表现，管理者手中的权力来自企业。权力是用来做事的，而不是用来打压控制欺凌下属的。因此，不要把权力当作自己可以肆意妄为的资本，而应该把权力当作自己应该担负的责任，善用自己手中支配资源的权力，把工作最大程度地做好，这才是一个认真负责有才能的管理者应该做的事情。

载舟覆舟

古代贤明的统治者都明白一个道理，那就是民为邦本，民心向背决定政权的存亡。因此，优秀的君主懂得拉拢民心，为百姓谋幸福。作为管理者亦是如此，权力既是来源于责任，那就应该用其为下属、为企业谋幸福。如果将权力作为私有，肆意妄为，以权势打压下属，认为反正下属都比你的等级要低，好像没有谁能管得了你，那正是悲剧的开始。俗话说兔子急了也会咬人，如果长期用权力对下属进行打压，像言语攻击、刁难、抢功、背锅、排挤等等，只要这个人还有点骨气，他迟早都会站出来反抗。而且永远不要低估个体的力量，因为你永远也不知道他会爆发出多大的能量。当你还在以权压人，表面看似风平浪静，内里实则早已波涛汹涌，一切只不过是暴风雨来临前的平静罢了。

管理者更需要注重自我提升

一个人的领导力取决于他的职位影响力和个人影响力。作为管理者，你可以用自己的职权决定下属的升迁、奖惩等等。虽如此，下属未必会服你，因为领导力往往还需要管理者优秀的个人魅力。只有在个人影响力的基础上发挥职位影响力，管理者的领导力才能实现最大化。因此，作为管理者更应该注意自己的一言一行，不断提升自己的个人能力，善用自己手中的权力，做到以能服人而不是以权压人。

如何把一碗水端平

● 好员工的摆烂与管理者的双标制度密切相关。

一个团队的核心就是人才，你是否常常感叹留不住人才？一个好的管理层与制度是留住人才的关键，如果你一碗水端不平，实行双标制度，任人唯亲，甚至只会画大饼，那么你手下的人才学会摆烂是迟早的事。

付出与收入不对等，只会让员工学会摆烂

当你一碗水端不平的时候，就会出现任人唯亲的现象，从而会给有才能的人一种“会做的，不如会装的”的感觉。他们认认真真拿下的项目，你转手就让身边会拍马屁的人接手；职位也被你转手给了空降兵；他们取得的果实被你摘给身边人。长久下去那些有才能的人渐渐学会溜须拍马，甚至把摆烂当作一种无声的反抗。

制度双标寒人心

一碗水端不平最明显的表现就是双标制度，尤其体现在奖罚不对等。那些与你关系没有那么亲近的下属不但奖励说没就没，还得辛苦加班完成业绩。而与你亲近的人却不受考勤制度的约束，不但可以随意离开岗位，甚至还能从其他员工辛苦取得的果实中分一杯羹，轻松拿奖金。你这种凭亲疏关系给下属制定双标的奖罚制度，只会让有才能的人感到心寒，从而加速人才的流失。

如何把一碗水端平

要想把一碗水端平，公正地对待你手下的人，在工作的时候千万不要被你和下属之间的亲近关系干扰。第一，在工作时面对下属的工作失误，不要因为他跟你关系亲近就帮他掩盖失误的真相，错了就该罚，无论是谁你都要用统一的奖罚制度来要求他们。第二，在分配较难的工作时，不要受你与下属关系好坏的影响，不要刻意为难与你关系不好的下属。你就应该按能力的强弱来合理分配工作。第三，合理利用开会制度，把一些麻烦的工作直接在会议上分配清楚。这样能极大程度上帮你端平一碗水，一是在会议上分配好的工作他们不好推脱，二是在会议上都是公开、透明的，有什么不满可以当场解决。

"一个锅里做不出两种饭"，一碗水端不平必然会导致企业内部怨气丛生，人心涣散。若想赢得下属的拥护，充分发挥每个员工的才能，坐稳你的位置，你就要公平客观地对待每一个下属，做到按劳分配。

不和上级争锋，不和下属抢功

● 优秀的管理者知道多给下属机会，而不是一味打压下属，管理者和下属本质上是共赢共输的关系。

真正有智慧的管理者是绝不会和下属抢功的，而是懂得和下属搭台唱戏。成全下属，让他们在职场一步步走向成功。如果你是靠抢功获得上级的信任，那么假以时日，你只会沦为一个孤家寡人。

抢功是无能的表现

在我们企业，有次大老板来检查工作，我的直属上司让我去做汇报。一开始我非常惊讶，心想我不过是一个小职员，为什么要把汇报这么重要的工作交给我呢？我的直属上司告诉我："想要往上走，就要抓住在大老板面前露脸的机会。平常你们是没有机会在大老板面前展示自己的，这次机会好好把握。你也不要害怕出错，我会给你救场的。咱俩一唱一和，也能体现团队的协作性。"最终汇报非常成功，大老板也很赏识我，但我知道，这些都是我的上司给我争取来的。从此我就死心塌地地跟着他干。所以管理下属就像是父母带孩子。当别人夸你教育有方时，你也要说是孩子自己争气。孩子是夸出来的，下属也是。你越夸，他工作就越卖力，干得越好，这就是人性。

水能载舟亦能覆舟

管理者和下属抢功，有功劳是自己的，有过错则是下属的，小心，这是官场大忌！本来抢占下属功劳就已经足够令下属心寒，这时如果还把过错全部归于下属，则人心不服，怨言四起，而下属心中的愤怒之火则是十分危险的。“水能载舟，亦能覆舟”，若是对下属太过分，下属可能会做出对你不利的事情来。须知，工作不是一蹴而就的，中间经历的种种、留下的痕迹都足以证明这份工作的成绩到底是谁的功劳。因此，若是当下属拿出这些证据的时候，你又有什么颜面去维持自己管理者的形象呢？

工作是为了共赢

身为管理者，你和下属本质上是没有利益冲突的。相反，真心对待你的下属，若能提拔几个，再得几个心腹，对自己的工作也是很有帮助的。优秀的管理者都是懂得为下属的工作生涯谋发展的。和下属搭台唱戏，给下属表现自己的机会，不仅能收获下属的感谢和以后更加尽力的工作态度，更能影响到整个团队的工作氛围。大家都知道你是一个赏罚分明，愿意给下属更多机会的管理者，那么下属也就更加愿意努力工作，团队也能朝着好的方向更快前进。

大饼可以画，但一定要圆了它

● 言行合一的管理者画大饼不叫画大饼，是君子一言，驷马难追。

为什么越来越多好员工开始躺平了？因为你给员工画的大饼永远消化不完，想要员工奋斗时给的承诺说忘就忘，画大饼时升职加薪的好处张口就来，而当员工真正达成目标，想要找你兑现承诺时，不是“下次再说”就是忘得一干二净。

画饼充饥不可取

对于那些没有被画大饼伤害过的下属，你此时画的大饼，也许能高效地调动下属的积极性。但“君子一言，驷马难追”，若是承诺不予兑现，对下属来说无异于画饼充饥。长此以往，你说的话将不再有可信度，下属对你态度也将急转直下。虽然你能依靠画大饼在短期内获取利益，但长期下来却是对自己威信的不断摧毁。

关注下属个人目标

管理者给下属画的大饼常见是升职、加薪，给予更多资源以及各种奖励等等；而给下属的目标往往常常是达到多少业绩，完成哪个项目。这些大饼固然十分诱人，但过于宏观的目标，反而会让下属失去工作的方向。你可以试试把下属的个人成长当做目标，比如今年的业绩要比去年高多少，这个季度拉的客户要比上个季度多多少，说不定会得到意想不到的效果。企业是由很多个体组成的，企业成绩是个人成绩的总和。只有个人的目标进步了，企业才能获得更大的进步。

将画饼变成承诺

身为管理者，当你对下属画饼时，请一定要思考自己许下的承诺能不能真的给到下属。不谈钱，不谈员工的生存，不谈员工的尊严，只给承诺却不兑现，这叫空头支票。很多领导听完大公司的“以奋斗者为本”，回来就给下属上价值“你看他们大公司都拖着折叠床，醒来之后就开始工作，你看我们的业绩做得这么差，还不是你们不够努力”。

以奋斗者为本的核心是不让奋斗的人吃亏，而是要让奋斗的人拿到他应得的物质回报和精神嘉奖，这才叫以奋斗者为本。

随意许下承诺，最后却敷衍搪塞、对此不管不顾的人是不合适当管理者的。